Desenhando a Desordem

URBANIDADESFraturadas
Assessoria editorial LEANDRO MEDRANO

Primeira edição pela Verso, em 2020.

EQUIPE DE REALIZAÇÃO:

Coordenação de edição	Luiz Henrique Soares e Elen Durando
Edição de texto	Rita Durando
Revisão	Margarida Golsztajn
Capa e projeto gráfico	Sergio Kon
Produção	Ricardo W. Neves e Sergio Kon

CIP-Brasil. Catalogação na Publicação
Sindicato Nacional dos Editores de Livros, RJ

S478d

Sendra, Pablo
Desenhando a desordem : experiências e disrupções na cidade / Pablo Sendra, Richard Sennett ; apresentação Leandro Medrano ; tradução Maria Alice Junqueira Bastos. - 1. ed. - São Paulo : Perspectiva, 2025.
168 p. : il. ; 23 cm. (Urbanidades fraturadas ; 7)

Tradução de: Design disorder: experiments and disruptions in the city
ISBN 978-65-5505-254-1

1. Espaços públicos - Aspectos sociais. 2. Planejamento urbano. 3. Sociologia urbana. I. Sennett, Richard. II. Medrano, Leandro. III. Bastos, Maria Alice Junqueira. IV. Título. V. Série.

CDD: 307.1216
25-99047.0
CDU: 316.334.56

Meri Gleice Rodrigues de Souza - Bibliotecária - CRB-7/6439
04/07/2025 04/07/2025

1ª edição
Direitos reservados em língua portuguesa à

EDITORA PERSPECTIVA LTDA.
Praça Dom José Gaspar, 134, cj. 111
01047-912 São Paulo SP Brasil
Tel.: (55 11) 3885-8388
www.editoraperspectiva.com.br

2025

DESENHANDO experiências a DESORDEM e disrupções na cidade

Pablo SENDRA
Richard SENNETT

Apresentação Leandro Medrano
Tradução Maria Alice Junqueira Bastos

PERSPECTIVA

Sumário

APRESENTAÇÃO
A DESORDEM NO CAOS

por Leandro Medrano*

Desenhando a Desordem, originalmente lançado em Inglês em 2020, teve ampla repercussão no campo dos estudos urbanos nos países do chamado norte global. O que reforça a ideia de que as lacunas teóricas e metodológicas relacionadas ao campo do urbanismo permanecem desconcertantes. No caso do Brasil, cuja maior parte das cidades são marcadas por um histórico de crescimento urbano acelerado, desigualdades socioespaciais profundas e uma coexistência complexa entre o formal e o informal, o livro assume importância singular. A crítica de Sendra e Sennett à obsessão pela ordem e pelo controle no planejamento urbano pode causar estranheza em um país onde a realidade das cidades com frequência desafia qualquer tentativa de planejamento rígido. Afinal, a desordem, as imprevisibilidades, a precariedade dos serviços urbanos, o caos social, estético e formal, consolidaram-se como características genéricas das pequenas, médias e grandes cidades brasileiras, e de tantas outras do chamado sul global.

Tradicionalmente, o planejamento urbano no Brasil, muitas vezes influenciado por modelos europeus e norte-americanos, buscou impor uma ordem que nem sempre se alinhava com as dinâmicas sociais e econômicas locais. Como destacado no texto seminal *As Ideias Fora do Lugar e o Lugar Fora das Ideias*, de Ermínia Maricato (Vozes, 2002), esse processo resultou em uma dicotomia entre a "cidade formal" – planejada, regulamentada e muitas vezes inacessível para a maioria da população – e a

* Professor livre-docente do Departamento de História da Arquitetura e Estética do Projeto da Faculdade de Arquitetura da Universidade de São Paulo (Fau-USP).

"cidade informal" – espontânea, autoconstruída, adaptável e responsiva às necessidades de seus moradores. Uma dualidade que define territórios distintos, quase antagônicos, nos quais uma parcela da população usufrui de equipamentos, infraestruturas e serviços que caracterizam as áreas urbanizadas, enquanto a outra permanece à margem – subjugada pela precariedade – de qualquer possibilidade de acesso efetivo à uma vida urbana plena.

Nesse contexto, *Desenhando a Desordem* oferece uma estrutura teórica capaz de ajudar aos urbanistas e planejadores urbanos no entendimento da informalidade e espontaneidade como elementos decisivos e fundamentais para a elaboração de conceitos e projetos urbanos. Em vez de tentar erradicar a "desordem", por exemplo das favelas e assentamentos precários, o livro sugere que o urbanismo poderia aprender a trabalhar com essas dinâmicas, reconhecendo a capacidade de auto-organização e a criatividade que emergem desses contextos. A ideia de "infraestruturas de desordem" pode ser interpretada como um convite a criar estruturas que permitam a evolução orgânica e a adaptabilidade dos espaços, em vez de impor soluções prontas e inflexíveis.

Além disso, a obra de Sendra e Sennett pode ser um contraponto ao que tenho chamado de "urbanismo de impulso" – ações oportunistas vinculadas às dinâmicas do poder e do mercado – e "urbanismo de reação" – ações emergenciais decorrentes de desastres naturais ou necessidades urgentes. Ao propor um urbanismo que considera a imprevisibilidade e a adaptabilidade, *Desenhando a Desordem* sugere um caminho para superar a lógica de intervenções pontuais e reativas, em favor de um planejamento mais resiliente e inclusivo. Isso implica em reconhecer que a cidade é um organismo vivo, em constante transformação, e que o planejamento deve ser um processo contínuo de diálogo e adaptação, e não uma imposição de cima para baixo.

Nas cidades brasileiras, como em outras latino-americanas, a informalidade não é uma exceção, mas a regra. Favelas, cortiços, ocupações e mercados informais são elementos constitutivos da paisagem urbana e abrigam uma parcela significativa da população. Nesses locais, a "desordem" é uma característica intrínseca. A vida urbana nesses contextos é frequentemente vibrante e resiliente, apesar da ausência de planejamento formal ou, muitas vezes, em oposição a ele. Uma singularidade local muito bem explorada no livro *A Estética da Ginga: A Arquitetura das Favelas Através da Obra de Hélio Oiticica*, de Paola Berenstein Jacques (Casa da Palavra,

2001), que revela que as favelas cariocas não se restringem a meros aglomerados de pobreza e caos. São espaços onde se manifesta uma arquitetura e um urbanismo próprios, marcados pela espontaneidade, pela adaptabilidade e pela criatividade dos moradores. Trata-se de uma expressão estética que afronta os instrumentos segregadores do urbanismo hegemônico. Algo que também víamos na radicalidade artística dos membros da Internacional Situacionista (IS), em seu esforço em nos mostrar que a cidade pode oferecer um conjunto de experiências sensoriais distintas da racionalização dos espaços e da vida cotidiana, impostas pelo capitalismo industrial nas grandes cidades.

Assim, em um país onde a maioria das cidades já é percebida como desordenada ou mesmo caótica, a proposta de "projetar a desordem" pode soar contraintuitiva ou até mesmo perigosa. É fundamental, portanto, distinguir a "desordem" defendida por Sendra e Sennett do "caos" e da "desorganização" que caracterizam muitas áreas urbanas brasileiras.

A "desordem" no sentido de Sendra e Sennett não é a ausência de estrutura ou a falha do planejamento, mas sim a capacidade de um sistema urbano de acomodar o inesperado, a diversidade e a espontaneidade. É uma desordem produtiva, que permite a emergência de novas formas de uso do espaço, de interações sociais e de soluções criativas para problemas urbanos. Ela se opõe à rigidez e à homogeneidade impostas por um planejamento excessivamente controlador, que limita qualquer forma espontânea e orgânica de participação da população. Fundamenta-se, assim, na vida cotidiana – e suas dinâmicas espaciais e sociais – como estruturante ao planejamento urbano.

Por outro lado, o "caos" e a "desorganização" presentes em muitas cidades brasileiras são frequentemente o resultado de um "planejamento oficial" complacente com a desigualdade social, da falta de investimento em infraestrutura básica e da negligência do poder público. Esse tipo de "desordem" é disfuncional e perversa, sobretudo com a população economicamente vulnerável, e resulta em problemas como a precariedade habitacional, a falta de saneamento, a violência, a ineficiência dos transportes públicos e a degradação ambiental. Não é uma desordem que fomenta a vitalidade, a criatividade, a diversidade, mas sim uma que gera sofrimento e segregação.

O desafio para o urbanismo brasileiro, ao dialogar com *Desenhando a Desordem*, não é replicar o caos existente em suas cidades, mas sim aprender a diferenciar entre a desordem emancipatória e o caos disfuncional. Não se trata de abandonar o planejamento urbano e suas técnicas *parcelares*, mas sim de repensá-lo para que seus instrumentos sejam capazes de incorporar a flexibilidade, a adaptabilidade e a capacidade de auto-organização que caracterizam a "desordem projetada". O que implicaria na valorização da capacidade dos moradores de construir e adaptar seus próprios espaços, mesmo em contextos informais, e integrar essa agência ao processo de planejamento; na criação de área urbanas com multiplicidade de funções (residencial, comercial, lazer), em vez de segregar rigidamente os usos do solo; no desenvolvimento de infraestruturas que possam ser adaptadas e expandidas conforme as necessidades da cidade; e no fomento da participação popular genuína, que envolva os cidadãos de forma ativa na concepção e gestão dos espaços, permitindo que a "desordem" emergente das interações sociais seja incorporada ao projeto urbano.

A "desordem" proposta por Sendra e Sennett é uma desordem qualificada, que busca otimizar e valorizar a vitalidade urbana – a vida pública – por meio da flexibilidade e da espontaneidade, em contraste com o caos resultante da negligência, da desigualdade e da segregação. O desafio é transpor essa distinção para a prática do urbanismo nacional, transformando o caos disfuncional em uma desordem produtiva e planejada.

Introdução

Pablo Sendra e Richard Sennett

Formas rígidas e excessivamente determinantes estão sufocando a cidade moderna. Esses ambientes inflexíveis reprimem a liberdade de atuação das pessoas, abafam as relações sociais informais e inibem a possibilidade de evolução das cidades. Neste livro, propomos uma maneira alternativa e não determinante de fazer cidade, que rompe com as formas rígidas, colocando em seu lugar projetos mais benéficos para a vida.

A evidência de uma forma por demais determinante domina atualmente a linha do horizonte de Manhattan. Localizado no extremo norte da High Line, o Hudson Yards representa o urbanismo orientado pelo mercado que tem transformado cidades como Nova York e Londres. Hudson Yards é um conjunto composto por condomínios luxuosos e habitações para aluguel, um hotel, escritórios, restaurantes e um centro comercial com as grifes mais caras. No seu centro está The Vessel, uma escadaria escultural concebida menos pela utilidade do que como atração para as divulgações comerciais[1]. A praça é delimitada na sua parte sul por uma gigantesca estrutura adaptável, cujo objetivo é tornar-se um espaço artístico flexível para grandes apresentações, The Shed. Esse enorme empreendimento não encoraja atividades locais por parte dos cidadãos comuns, tampouco suas formas fixas podem evoluir; elas só podem degradar.

Em contraste, Hudson Yards faz divisa em seu lado leste com o Garment District, uma comunidade diversa e vibrante, com pequenos e grandes negócios, misturando imigrantes coreanos relativamente recentes com outras comunidades estabelecidas de imigrantes, combinando habitação

FIG. 1
O capital global impondo a ordem. Hudson Yards, Nova York. Na imagem: o centro comercial de compras (direita), The Shed (esquerda), The Vessel (no centro, logo atrás) e os arranha-céus. Março de 2019.

para pessoas das classes média e trabalhadora com escolas e igrejas. Essa comunidade complexa, frequentemente barulhenta e não regrada, tem sido capaz de evoluir e prosperar pelo último século e meio.

Neste livro, queremos mostrar como uma comunidade desse tipo pode ser projetada – isto é, que tipo de formas básicas, que tipo de DNA urbano, permite a um lugar evoluir.

Este livro baseia-se na obra de um dos autores, Richard Sennett. Em 1970, quando *The Uses of Disorder* (Os Usos da Desordem) foi publicado, a razão que Richard viu por trás da "sobreposição de tantos tipos de vida diferentes"[2] no Garment District era que nenhuma das diferentes partes da baixa região central de Manhattan tinha poder suficiente para criar os seus próprios limites[3]. O autor também advertiu que a "abundância" estava tirando a vitalidade da cidade, tanto ao criar divisas quanto ao eliminar a necessidade de compartilhar os recursos com as pessoas à sua volta. Hudson Yards é uma manifestação do efeito que uma concentração de riqueza e de poder pode ter sobre a cidade, tal como alertado por *The Uses of Disorder*. O conjunto é o epítome da transformação de Nova York em uma cidade regida pelo mercado imobiliário[4]. Se *The Uses of Disorder* percebeu os desenvolvimentos modernistas como imposições de ordem que estavam tirando a vida da cidade, hoje as formas de ordem impostas vêm de uma indústria imobiliária globalizada.

Uma cidade vital e aberta não ocorre naturalmente. Há lugares em que atividades improvisadas e interação social não acontecem porque a rigidez do ambiente urbano impede essa improvisação, e o planejamento para a desordem é necessário. Quando o arquiteto Pablo Sendra leu *The Uses of Disorder*, ele decidiu explorar quais intervenções de projeto urbano poderiam habilitar os tipos de desordem que dão lugar a atividades não planejadas e fornecem uma configuração urbana aberta que pode mudar conforme as ações das pessoas. Este livro propõe experiências de projeto urbano para aqueles lugares em que não ocorrem atividades espontâneas e interações sociais. Ele não propõe estratégias de projeto para lugares nos quais a informalidade e a sociabilidade já estão acontecendo, mas sim explora disrupções no projeto urbano que podem desmontar ambientes excessivamente rígidos.

Essa colaboração entre o arquiteto Pablo Sendra e o sociólogo Richard Sennett revisita as ideias do livro *The Uses of Disorder* sobre uma "vida social desordenada, instável, direta"[5] e as transforma em experiências de projeto urbano que as colocam em prática. Na primeira parte do livro, Richard Sennett reflete sobre o contexto que o levou a escrever *The Uses of Disorder* e seu significado hoje. Ele então explica sua proposta de uma Cidade Aberta, que pode liberar a rigidez dos ambientes prescritivos. Na segunda parte do livro, Pablo Sendra propõe experiências de projeto urbano que perturbam os ambientes urbanos demasiadamente ordenados, encorajam o uso não planejado do espaço público e provocam interação social. A parte do Pablo não é um manual prescritivo; ela engloba sugestões de como o projeto pode se tornar mais aberto em seu escopo e mais coletivo na prática. A terceira parte do livro é uma discussão entre Pablo Sendra e Richard Sennett, moderada pelo editor Leo Hollis, na qual eles refletem sobre as implicações do livro *The Uses of Disorder* nos dias atuais.

PARTE I
SOCIEDADE CIVIL

Richard Sennett

1 A Política da Cidade Oculta

Em 1804, em meio à conquista militar da Europa, Napoleão estabeleceu leis para regular a sociedade civil na França e em todo o seu império. O *code civil* impôs ordem na vida cotidiana, regulando questões familiares, definindo o currículo escolar e organizando as práticas religiosas. Esse foi o primeiro grande exemplo de engenharia social moderna.

Pouco mais de uma década depois, o império de Napoleão jazia em ruínas, assim como seus planos formais e racionalizados para a sociedade civil. Benjamin Constant, escritor e pensador político, estava feliz com o fracasso do império, mas o que havia para substituí-lo? Em vez do retorno ao Antigo Regime ou às ideologias violentas da Revolução, ele considerava possível um tipo diferente de organização cívica. No seu discurso "De la liberté des anciens comparée à celle des modernes" (A Liberdade dos Antigos Comparada à dos Modernos), de 1819, Constant defendeu uma vida comum na qual as pessoas fossem pessoalmente estimuladas pelo inesperado; na qual a experiência social fosse expandida para além dos valores compartilhados em "intragrupos" de igual pensamento; na qual as certezas políticas fossem confrontadas. Na sociedade ideal de Constant, as pessoas aprenderiam a viver com a ambiguidade, a contradição e a complexidade e, de fato, a beneficiar-se delas. O fluxo da vida seria profundo, ele defendeu, em vez de raso e claro. Esse fluxo da vida atravessaria uma cidade.

Constant sugeriu que uma cidade como Paris possuía três características. Na cidade antiga, pré-revolucionária, ricos e pobres viviam lado a lado, mas não se misturavam. Era uma cidade de indiferenças. Na cidade revolucionária, especialmente durante o reino do Terror, de 1792 a 1794, as pessoas que não estavam em conformidade com os poderes dominantes eram capturadas e guilhotinadas; a diferença tornou-se um crime. Após a queda de Napoleão, de 1815 a 1830, Constant viveu em uma Paris cujas ruas fervilhavam com pessoas que estavam mútua, intensa e nervosamente conscientes umas das outras, mas que se davam espaço para levarem vidas separadas; os cidadãos estavam ao mesmo tempo traumatizados e domados pela desordem passada. Essa terceira Paris castigada encarnava a ideia de Constant de sociedade civil.

Neste livro, exploramos o que a visão de Constant poderia significar hoje em dia e como ela eventualmente poderia ser concebida. O projeto começou cinquenta anos atrás quando eu, Richard Sennett, escrevi *The Uses of Disorder*. Na época, eu sabia pouco sobre Napoleão e nunca tinha ouvido falar de Benjamin Constant. Mas, ao investigar as conexões entre o indivíduo e a cidade, o livro explorou uma versão particular de sociedade civil. Ele teve por premissa a observação, nada extraordinária, de que a experiência pessoal é expandida ao voltar-se mais para fora do que para dentro. Da mesma forma, a sociedade civil emerge conforme os indivíduos se tornam menos autocentrados e mais engajados socialmente.

Mas como? Defendi que uma cidade densa e diversa engaja as pessoas de uma maneira particular. Não se trata apenas de uma questão de tolerância ou de exposição às muitas formas de vida da cidade. Para se conectar com outros que difiram racial ou religiosamente, cujas maneiras de amar sejam estranhas, que venham de culturas distantes, as pessoas precisam relaxar dentro de si mesmas, tratando suas próprias identidades como menos absolutas, como menos definíveis. É possível dizer que as pessoas precisam se envolver numa espécie de autodesordem.

Isso nos deixa com um problema grande e concreto. Uma cidade é um conjunto físico que contém muitas formas diferentes de viver. Conforme o francês antigo, ela é tanto uma *ville* – o contínuo de ruas e edifícios – quanto uma *cité* – o comportamento e o ponto de vista adotados pelas pessoas que se alojam naquele espaço físico. O tipo de engajamento civil vislumbrado no *The Uses of Disorder* poderia ser criado fisicamente? Os edifícios, as ruas e os espaços públicos poderiam ser projetados para afrouxar hábitos fixos, para desarrumar as autoimagens absolutas?

Uma vez impresso o livro, eu ainda não estava convencido de que tivesse boas e suficientes respostas para construir materialmente a sociedade civil.

Conforme fui trabalhando cada vez mais como um planejador urbano prático, essa falta de respostas materiais permaneceu um grave defeito para mim – e gerou a colaboração neste livro. Aqui, o arquiteto Pablo Sendra explora como a adaptação de infraestruturas urbanas flexíveis pode relaxar e enriquecer a vida no local. O objetivo de Sendra é projetar uma infraestrutura que permita a inovação comunitária e configurações surpreendentes. Em que pese esses projetos poderem permitir o funcionamento de uma cidade complexa, diversa e flexível, eles por si só não conseguem fazê-la existir. São ferramentas necessárias, porém não suficientes, para a criação de uma sociedade civil urbana estimulante. A marca de uma cidade complexa, diversa e flexível é que uma pessoa possa olhar para trás e refletir que "a vida correu de maneira diferente do que esperava". Essa reflexão é justamente o que Benjamin Constant pensava ser a razão de ser da sociedade civil – a vida além do ordenado, do prescrito – mesmo que ele nunca tenha considerado os esgotos de Paris como uma ferramenta para criar essa liberdade experimental.

▪ ▪

O *code civil* de Napoleão foi revolucionário na medida em que garantiu a todos os cidadãos direitos iguais – embora apenas se aqueles cidadãos fossem homens. Napoleão defendia os "valores da família" que prendiam as mulheres aos seus maridos e privavam de direitos os filhos ilegítimos. Ainda, o código concedeu liberdade religiosa para todos, liberando protestantes e judeus a orarem livremente na França, mas também reintroduziu a escravidão legal nas colônias francesas. Mesmo assim, esse documento problemático teve um efeito profundamente positivo na busca posterior pelos direitos civis. Em particular, ele decretou a igualdade de educação para todos. E essas demandas pela igualdade educacional desencadearam a luta, após a Segunda Guerra Mundial, pelos direitos civis raciais nos Estados Unidos, em que o *code civil* fez parte do histórico para a decisão da Suprema Corte estadunidense de proibir, em 1954, a discriminação racial nas escolas.

Na ocasião em que *The Uses of Disorder* foi publicado, em 1970, as injustiças acumuladas causadas aos afro-estadunidenses haviam transformado as principais cidades dos Estados Unidos em violentos campos de batalha. A comissão Kerner, uma organização nacional paraestatal, foi criada para analisar essas rebeliões. O prefeito de Nova York, John Lindsay, era membro dessa comissão e, em 1967, eu pertencia à sua legião de assistentes. A comissão concluiu que "a sociedade branca está profundamente envolvida no gueto. As instituições brancas o criaram, as instituições brancas o mantêm e a sociedade branca o tolera". Ao que parece, isso pode, perversamente, explicar o título, *The Uses of Disorder*: desordem violenta serve como um sinal de alerta.

Ruas em chamas não ressuscitaram, no entanto, as cenas de ruas com barricadas que Benjamin Constant testemunhou no final de sua vida, durante a revolução de 1830, em Paris. Ali ele encontrou barricadas erguidas para proteger os distritos insurgentes do ataque militar e das rondas policiais. Uma barricada era construída na época jogando os móveis na rua e empilhando-os nas esquinas para criar um bloqueio. Em 1830, os espaços atrás das barricadas eram atentamente vigiados pelos cidadãos em revolta; até que os militares os subjugassem, as ruas foram, por umas poucas semanas, espaços disciplinados. Em contraste, durante as violentas desordens urbanas dos anos 1960, as fachadas das lojas nas comunidades pobres foram incendiadas por saqueadores infiltrados entre os revoltosos. Desde o início, os líderes dos protestos de rua não conseguiram controlar esses parasitas violentos. Conforme a Comissão Kerner descobriu, esses saqueadores eram poucos em número; mesmo assim, o revolucionário "uso da desordem" ficou corrompido pelo roubo.

A convulsão racial não era o único tipo de desordem que afetava os Estados Unidos na época. Embora raramente violenta, uma desordem mais personalizada afligia a sociedade civil dos privilegiados: aqueles que eram brancos, de classe média, heterossexuais e, se jovens, dispensados do serviço militar no exterior. O descontentamento dentro dessa zona "segura" remontava a um mal-estar articulado por Benjamin Constant.

Constant era um romancista assim como um jurista; essas ocupações eram praticadas separadamente, imaginadas como atividades de diferentes ilhas rotuladas *Imaginação* e *Filosofia*. Seu romance *Adolphe* retrata um homem que abandona um grande caso de amor, narrando, em vez do atiçamento inicial de seu ardor, a perda de sua paixão. Adolphe fica farto das tempestades e tensões do desejo; na meia idade, a paixão o estimula menos que as seduções de uma carreira. O romancista escreve essa história para mostrar quão "pequeno" Adolphe se torna como ser humano.

O filósofo da sociedade civil então deplora como a vida circunscrita leva a temer a aventura, a fugir de dificuldades, evitando tempestades e tensões. Isso contrasta com o romance *Le Rouge et le noir* (O Vermelho e o Negro), seu contemporâneo, um relato da ambição traçado por Stendhal. O protagonista de Stendhal, Julien Sorel, arde de ambição, movido pelo desejo de conquistar Paris e penetrar no próprio coração do poder, tornando-se um Napoleão doméstico. Adolphe não arde de paixão, nem está conforme ao modelo mais alemão de aspiração, um impulso de juventude seguido por resignação e arrependimento na meia idade. Adolphe está contente, de fato aliviado, em levar uma vida ordenada e claramente definida.

Constant, o filósofo, não analisou o mecanismo pelo qual tal "pequenez" podia afligir o corpo cívico coletivo. Essa explicação surgiu mais tarde, como ciência social. O medo explorado pela história de Adolphe apareceu cerca de um século depois nos escritos de Max Weber sobre a burocracia. Weber notoriamente defendeu que as pessoas vivem numa "gaiola de ferro" quando trabalham no interior de burocracias, sobretudo se sua ambição dominante for subir na hierarquia burocrática. A figura de Adolphe foi agora colocada por Weber em um contexto mais amplo, em que os esforços para racionalizar a sociedade, como o *code civil*, inevitavelmente criaram as burocracias que diminuíram as pessoas: "O cálculo racional [...] reduz cada trabalhador a uma engrenagem nessa máquina burocrática e, vendo a si mesmo sob essa luz, ele meramente perguntará como se transformar [...] em uma engrenagem maior."

Weber não era um observador isento desse processo: "A paixão pela burocratização [...] leva-nos ao desespero." Ele certamente não estava sozinho na identificação desse mal-estar. Romances como *Der Mann ohne Eigenschaften* (O Homem Sem Qualidades), de Robert Musil, dissecaram, com precisão implacável, ainda que por vezes cômica, como a burocracia torna a vida pequena. Talvez a imagem mais desesperadora da gaiola de ferro tenha sido elaborada por um contemporâneo de Weber, Rainer Maria Rilke, em seu poema sobre uma pantera confinada em um zoológico. O poema começa, "de tanto olhar as grades seu olhar esmoreceu e nada mais aferra".

O desespero da gaiola de ferro afligia aqueles da minha geração que haviam crescido no interior da zona de segurança. O sociólogo Charles Wright Mills descreveu com alguma simpatia a construção da gaiola particular dos seus pais: papai e mamãe foram assombrados pela Grande Depressão e pela Segunda Guerra Mundial, mas guardaram esses pesadelos para si; os pesadelos puderam ser reprimidos graças à nova prosperidade dos Estados Unidos e à sua hegemonia global. Contudo, no começo dos anos 1960, as crianças dessa zona de segurança apenas andavam, como a pantera; pelo final da década, elas buscavam mais ativamente destruí-la. Os jovens haviam recuperado a paixão pela experiência numa escala mais ampla, a qual Constant – e depois dele, Musil e Weber – havia imaginado que encolhera. É onde *The Uses of Disorder* entra em cena.

Eu não venho da zona de segurança. Passei a infância num projeto urbano de habitação pública, com um único progenitor que era membro clandestino do Partido Comunista. Eu era homossexual, e desde os quinze anos vivi em Chicago e Nova York por conta própria ou com amantes. Uma série de acidentes levou-me para a Universidade de Harvard quando era um jovem adulto. Lá, no início, as mágoas evocadas pelos que cresceram em segurança me pareceram autoindulgentes. Com o tempo, reconheci que seu sofrimento era real. Eu também era tão autocentrado quanto qualquer Hamlet suburbano. Cometi grandes erros ao julgar os estranhos com quem convivia diuturnamente. Eu tinha sobrevivido, mas não adquirira muito autoconhecimento.

Em Harvard, procurei encontrar o autoconhecimento por meio da escrita. No entanto, algo em mim queria escrever sobre os lugares em que vivi, em vez de uma autobiografia estrita; ao relacionar o eu e a cidade, a "cidade" parecia-me a variável independente. Pode-se dizer que eu não estava pronto para enfrentar a mim mesmo. Mas um mentor em Harvard, o psicanalista Erik Erikson, pensava ser essa a maneira correta de enfrentar-se: olhar para fora ao invés de para dentro.

Erikson, quando jovem, era um artista dinamarquês que não chegou a lugar algum com a arte e voltou-se para a psicanálise como uma segunda opção profissional, tendo começado a formação com Freud e trabalhado com crianças em Viena. Ele abandonou a Europa devastada pela guerra por um posto na clínica psiquiátrica Austen Riggs, em Massachusetts, onde passou a se interessar mais por adolescentes e jovens adultos. Ali, Erikson fez o trabalho pelo qual se tornou famoso, sobre a "crise de identidade" que acomete os seres humanos na transição da adolescência para a idade adulta. Na sua visão, essa é uma passagem tão difícil devido à tensão entre a busca e a exclusão de novas experiências. Por um lado, os jovens têm sede do novo; por outro, temem serem expostos quando ainda estão despreparados. Se essa tensão não for trabalhada, os jovens abraçarão um senso rígido do eu que os impede de considerar a diferença e a divergência nos outros.

Aceitei essa visão em *The Uses of Disorder*, mas com o tempo passei a ver que ela podia ser reestruturada sem a abordagem freudiana dos *nonsenses* do id, das descargas do superego e coisas do gênero. Lionel Festinger, psicólogo cognitivo, fez isso ao pesquisar a interação contínua no cérebro entre a curiosidade indutiva, que abre novas perspectivas, e o raciocínio dedutivo, que procura resolver o distúrbio mental. Em outra senda, a psicóloga Carol Gilligan rejeitou a ideia de que uma crise de identidade na adolescência – "Quem sou eu?" – seja o momento decisivo em que as diferenças de gênero entre o eu e os outros são resolvidas. O gênero, ela mostrou, é renegociado repetidamente ao longo da vida humana.

Esses não freudianos reformularam o que o jargão freudiano chama de "força egoica". Sejam confrontadas com um quebra-cabeça matemático, as exigências inesperadas de um amante ou o aprendizado de um novo trabalho, as pessoas precisam desenvolver habilidade para lidar com a ambiguidade, a dificuldade e o desconhecido de forma a explorar o inesperado em vez de defender-se dele. E aqui está a força própria de Erikson como pensador: ele era mais um moralista do que um psicanalista.

Sua visão moral podia ser encapsulada na frase "Menos Eu, mais o Outro". Isso é o que acontece no lado positivo durante uma crise de identidade e, na verdade, ao longo da vida: uma pessoa percebe mais o Outro exterior, projeta menos o seu Eu nos outros. A prática dessa ética requer força psicológica, porém esse poder não consegue se desenvolver no vácuo. As pessoas têm que praticar "Menos Eu, mais o Outro", mais ou menos como vão a uma academia para desenvolver os músculos. Minha percepção – e espero que o valor duradouro do meu livro – era de que uma cidade grande, densa, diversa fosse o lugar no qual as pessoas poderiam praticar e gradualmente fortalecer esse músculo moral.

Se Benjamin Constant fosse vivo hoje, suspeito que a frase "Menos Eu, mais o Outro" estaria em sintonia com ele. A sociedade civil tal como ele a concebeu deveria voltar as pessoas para fora, livrando-as de seus próprios preconceitos e hábitos como definidores absolutos da forma como todos deveriam viver. Mas sua visão era mais complicada, mais sábia do que a sua fórmula moral, ao menos como eu a resumi em quatro palavras. A sociedade civil de Constant seria um lugar em que as pessoas estivessem tanto comprometidas quanto descomprometidas, uma cidade de solidões bem como de comunidades.

Constant talvez tenha aprendido essa dualidade de sua ligação com Madame de Staël, uma escritora que ele conheceu em Paris em 1795 e com quem fugiu para a Suíça quando Napoleão a baniu, em 1802.

O romance de Staël de 1807, *Corinne ou l'Italie*, um manifesto pelos direitos das mulheres ligeiramente disfarçado em uma história, advogava pelo direito das mulheres de serem liberadas das permanentes obrigações no matrimônio, por sua liberdade para manter casos amorosos passageiros, por seu "direito inalienável à privacidade, isso é, à solidão". Nunca monogâmico, Constant praticava o que Madame de Staël pregava – até que ele e sua esposa, Charlotte von Hardenberg, com quem ele se casou após a morte de Madame de Staël, retornaram a Paris.

Ali, seus escritos ampliaram a ética erótica de Staël para a sociedade civil em geral. Ele queria uma sociedade que desafiasse a conformidade comum e a propriedade coletiva. A sociedade civil deveria aceitar as diferenças e as flutuações de comportamento, de modo que as pessoas pudessem ser livres, livres para serem elas mesmas – sozinhas. As distâncias intransponíveis, os silêncios necessários, entre pessoas que diferem deveriam ser reconhecidas e respeitadas. Isso é o que torna a sociedade civil "civilizada", e o que uma cidade grande, densa e diversa – ao contrário de um povoado bisbilhoteiro – torna possível.

▪ ▪

Mas não podemos falar sobre liberdade sem falar sobre poder. E a cidade, ao mesmo tempo em que é um teatro exemplar para a autoexpressão e o envolvimento social, também é um lugar de redes complexas de dominação.

Em 1806, Napoleão capturou a cidade de Jena, em que Georg Friedrich Hegel lecionava. O jovem filósofo fugiu, carregando um manuscrito incompleto do *Phänomenologie des Geistes* (Fenomenologia do Espírito) e pouca coisa mais; Napoleão, o general, o aterrorizava. Anos mais tarde, Hegel veio a idolatrar Napoleão, o imperador, como uma figura heroica e elogiou o *code civil* como uma maneira racional de organizar a sociedade civil – mas isso só no futuro, quando Hegel se endureceu com a velhice como um apóstolo da ordem.

A *Fenomenologia* é um livro provocativo, um livro em que o autor argumenta consigo mesmo. Seu capítulo mais famoso é sobre "Domínio e Servidão" e nele, talvez a sentença mais famosa seja a que afirma que os seres humanos se sentem realizados "apenas ao serem reconhecidos" pelos outros. Ou seja, "um processo de mútuo reconhecimento" é necessário para que cada pessoa se sinta completa em sua individualidade. Isso pode parecer nada mais que uma versão filosófica do clichê que afirma que nenhum homem é uma ilha, mas Hegel transforma o reconhecimento numa questão mais profunda e complexa.

Como pessoas em posição desigual – senhores e servos, amos e escravos – podem praticar o reconhecimento mútuo? O servo tem que obedecer ao senhor, mas para Hegel isso não é suficiente. Como ele observou na Revolução Francesa, se os servos não acreditam em seus senhores, eles acabarão se voltando contra os poderosos. Essa é uma proposição radical: a longo prazo, o poder depende da obediência voluntária daqueles que obedecem. Além disso, o amo de longa data quer ser considerado legítimo, quer que seus servos (nos tempos de Hegel, sempre um "ele") reconheçam seu direito de dominá-los.

As relações entre os "senhores" e os seus "servos", como Hegel chamava superiores e subordinados, tinham se tornado mais possíveis, ele pensava, em seu mundo contemporâneo do que nas sociedades passadas. No passado, os ditames religiosos ou os privilégios herdados legitimavam um master senhor; o senhor não precisava fazer nada pessoalmente quando a ordem social era criada por Deus. Numa sociedade secular, hostil à tradição, o reconhecimento de um vínculo pelo desnível da posição torna-se mais frágil. Maquiavel observara algo similar nas convulsões das cidades-Estados da Renascença, mas ele pensava que o dilema estivesse apenas na maneira de conduzir o Estado, de como o governante se comportava de forma a obter obediência voluntária de seus súditos. Na época de Hegel, a questão havia se tornado social além de política.

Benjamin Constant, como contemporâneo de Hegel, percebeu que algo além do sofrimento compartilhado interligava os parisienses dos anos 1820. As pessoas na cidade formavam uma molécula cívica mesmo que não acreditassem mais no bordão revolucionário *liberdade, igualdade, fraternidade* e poucos ansiassem pela fuga de Napoleão da ilha-prisão de Santa Helena. Qual era agora a química social que unia as pessoas de posição social muito desigual? Algo o fazia, mas o que era Constant não sabia dizer.

Hegel tentou resolver esse problema focando na necessidade de reconhecimento próprio por parte do servo. Uma lista de "servos" hoje poderia incluir mulheres, homossexuais e pessoas transgênero, imigrantes, minorias étnicas – qualquer pessoa que não seja reconhecida como um igual pelo senhor. Cada um desses servos, segundo Hegel, está empenhado em um duelo com o senhor para conquistar reconhecimento, quer sejam mulheres trabalhadoras que lutam pelo reconhecimento de seu direito a pagamento igual, casais homossexuais que desejam adotar e lutam por seu direito de serem pais ou mães, imigrantes que querem seu reconhecimento como cidadãos leais, ou pessoas transgênero que precisam passar por protocolos de estabelecimentos médicos para obter o reconhecimento legal de sua identidade de gênero. Em todos esses casos, a lógica hegeliana diz que o senhor estabeleceu os termos de aceitação. Essa luta pelo reconhecimento vincula os servos aos seus senhores. Mesmo se, como no código napoleônico, homens ou religiões têm direitos iguais pela lei, a luta pelo reconhecimento segue na sociedade civil. "Me enxergue! Reconheça minha presença! Não me trate como invisível!"

Se os servos quiserem a liberdade – em vez do reconhecimento – então devem sair do marco referencial do senhor. E essa passagem progride em quatro etapas: o servo primeiro é estoico sobre seu (dele ou dela) próprio sofrimento, então torna-se cético sobre o direito do senhor de impor a dor; segue-se um período de distanciamento em que o subjugado (ele ou ela) se sente ao mesmo tempo livre do senhor, mas inseguro e infeliz sobre o que deve fazer. O raciocínio, por fim, conduz à resolução dessa infelicidade.

Immanuel Kant, ao refletir sobre a mesma questão em relação a como se deve viver na cidade, promovera a noção de tornar-se "cosmopolita", que significava envolvimento com estranhos em discussões de argumentação e de ação racional. Essa prática de distanciamento íntimo dava espaço a um nível de envolvimento sem submissão. No entanto, quando jovem, Hegel duvidava dessa versão de vida cosmopolita por boas razões históricas. Não era possível se unir sem que algum tipo de identidade coletiva emergisse. Na Revolução Francesa, os estranhos nas ruas parisienses haviam se unido para perseguir "traidores", "aristocratas ocultos", e outros desviantes, agindo juntos numa paixão irracional.

Nos anos 1890, na sequência de encontros em primeira mão com a Comuna de Paris, Gustave Le Bon fez dessa irracionalidade o objeto de seus próprios estudos e buscou identificar a identidade da multidão. Esse trabalho foi depois seguido pelas obras contrastantes de Elias Canetti e então de Sigmund Freud. Cada um, à sua maneira, teceu a observação de que é mais fácil se perder quando se está rodeado de desconhecidos. Parecia, portanto, que a cidade anônima dava licença à irresponsabilidade.

De mais a mais, Hegel parece estar preso em uma contradição, pois declarou que o reconhecimento pelos outros é necessário para que a pessoa se sinta plenamente humana. A necessidade de autoridade nem sempre é um impulso servil – as crianças precisam confiar nos adultos para estudar na escola e os soldados precisam confiar nos comandos de outros oficiais para sobreviver na batalha. Portanto, as regras podem guiar e podem tranquilizar. Assim, é mais uma questão de saber sob quais condições as pessoas podem e devem desafiar o poder e sob quais condições elas não o fazem.

O caminho de Hegel pelo dilema senhoria-servidão está na declaração que "por meio do trabalho, o servo torna-se consciente do que realmente é"; ao pensar no trabalho em relação a si mesmo, ele pode "descobrir que tem uma mente própria". Karl Marx usou exatamente essas frases na sua "fenomenologia". Mas o próprio Hegel, incomodado com uma ênfase na atividade prática no mundo cotidiano, conforme envelhecia e seu pensamento endurecia, passou a colocar uma ênfase crescente em um Estado racional, abrangente e inclusivo para resolver os problemas de senhores servos – a conclusão perversa a que o Hegel mais velho chegou em 1821 em *Grundlinien der Philosophie des Rechts* (Princípios da Filosofia do Direito).

Queremos ser hegelianos jovens, no sentido de que desejamos que as pessoas saiam da relação senhoria-servidão sem, como fez o velho Hegel, buscar refúgio em uma ordem superior, racional e resolutiva. Entretanto, enfrentamos o mesmo problema, em nossa esfera restrita, que o filósofo jovem. Pode uma cidade criar uma ligação química entre as pessoas além da luta desigual pelo reconhecimento? Aparentemente, uma sociedade civil que admite rusgas entre as pessoas e valoriza sua separação não contribui muito para uni-las. Além disso, precisamos discriminar as regras – algumas fornecem uma orientação positiva, outras precisam ser desordenadas.

▪ ▪

Hegel fez bem em focar no trabalho. Na sociedade moderna, o trabalho do funcionário envolve problemas de autoridade complexos e até surpreendentes. Os vínculos entre empregador e empregado desarticularam-se numa nova era do capitalismo, que começou no final dos anos 1970, e procurou tornar as organizações mais "flexíveis". Em parte, essa flexibilidade significa aumentar e diminuir o número de funcionários de uma empresa em resposta ao mercado global e às condições financeiras.

Também significa um processo constante de reorganização interna conforme a empresa empreende novas atividades ou abandona práticas estabelecidas. Por fim, flexibilidade significa mudar o tipo de trabalho do funcionário para que ele se concentre num conjunto variável de tarefas, em vez de desempenhar uma função fixa na empresa.

A flexibilidade tem deixado muitos trabalhadores à deriva. A razão para isso envolve o tempo. A gaiola de ferro descrita por Max Weber e mais tarde por Charles Wright Mills estruturava a experiência de tempo dos trabalhadores de forma extensa. A burocracia organizava o trabalho em anos ou décadas. Normalmente, os trabalhadores trabalhavam para menos de quatro empregadores ao longo de toda a sua carreira. Os sindicatos protegiam o tempo de serviço dos trabalhadores mais antigos e as pensões recompensavam esse serviço. A organização do trabalho em longas unidades de tempo significava que uma empresa geralmente seguia uma clara estrutura interna: as pessoas subiriam ou desceriam numa hierarquia fixa de funções, sabendo exatamente onde pisavam. A despeito dos picos cíclicos de desemprego, o tempo de trabalho era previsível e, nesse sentido, ordenado.

Os trabalhadores de hoje vivenciam um tempo de trabalho muito mais curto devido a uma reconfiguração baseada no poder. As empresas agora estão orientadas pelo preço das ações a curto prazo em vez do ganho de longo prazo. Essa mudança acelera e encurta o tempo de trabalho, conforme a empresa requer diferentes habilidades e reestrutura grupos de funcionários em busca do reconhecimento a curto prazo por investidores globais. O fluxo dentro das organizações acaba com a hierarquia de carreira das pessoas. Os trabalhadores passam de uma função para outra sem uma ideia geral que indique para onde serão levados. Jovens empregados podem esperar trabalhar para, ao menos, uma dúzia de empregadores – ou como trabalhadores temporários ou *freelancers*, trabalhando mês a mês, vendendo a si mesmos a quem quer que contrate seus serviços.

▪ ▪

O trabalhador de hoje está, por conseguinte, colocado à deriva. É aqui que Hegel entra em cena. Como podem os servos exigirem do senhor o reconhecimento de suas necessidades, de sua presença? E o que isso nos diz sobre o tipo de cidades em que vivemos?

O capitalismo flexível desenvolve-se agora numa cidade rígida. A cidade tornou-se uma gaiola de ferro – que aprisiona animais trabalhadores desorientados. Há várias razões para esse paradoxo. A primeira é o desaparecimento de espaços mistos e a sua substituição por bairros mais homogeneizados. Esse processo de classificação e de segregação aconteceu ao longo do último século, mas tem acelerado desde o início dos anos 1980.

No século XIX, os centros ricos de Londres, Nova York e Paris eram necessariamente mistos porque continham uma enorme população de empregados que moravam no local de trabalho. Esses bairros também estavam cheios de pequenos estabelecimentos – açougueiros, sapateiros, ferreiros – cujo comércio especializado supria as famílias prósperas. Empregados e comerciantes, por sua vez, tinham seu próprio suporte local, em bares e restaurantes baratos, próximos ao seu local de trabalho. Mayfair em Londres, ou o Upper East Side em Nova York foram assim cadastrados em censos anteriores à Primeira Guerra Mundial como lugares diversificados de uma forma particular: eles misturavam a elite e a classe trabalhadora satélite.

No entanto, faltavam no centro as classes média e média-baixa, assim como os trabalhadores industriais que estavam espalhados pela cidade. A partir dos anos 1870, as classes médias e as classes trabalhadoras "respeitáveis" estabeleceram colônias em novos subúrbios, enquanto o proletariado industrial era frequentemente condenado a viver em condições degradantes junto às fábricas. Ainda assim, os subúrbios não tinham forma definida; eram na maioria novos empreendimentos habitacionais que surgiam de forma errática. Quer fossem respeitáveis ou miseráveis, todos esses lugares tinham economias locais mistas, como no centro. Os subúrbios próximos anteriores à Grande Guerra assemelhavam-se mais às pequenas cidades do que os subúrbios-dormitório que surgiram após a Segunda Guerra Mundial.

A cidade do século XX foi marcada por uma homogeneização contínua. No centro, a saída dos empregados domésticos que dormiam no local de trabalho transformou as acomodações de empregados em antigas cocheiras em Londres e as mansardas em Paris em novos tipos de espaços de luxo. Haussmann, em meados do século XIX, havia sonhado em refazer Paris a fim de criar espaços elegantes e ricos, nos quais a parte inferior e feia da cidade não aparecesse; um século mais tarde, seu desejo começou a ser realizado. Fora da zona elegante, grandes empreendedores imobiliários passaram a dominar o financiamento e a construção de habitação nas margens urbanas e nos subúrbios; para essas empresas, os projetos homogêneos eram muito mais atrativos comercialmente do que os de uso e os de usuários mistos.

Acima de tudo, o século XX viu o reinado de leis de zoneamento muito mais detalhadas e draconianas do que os padrões bastante frouxos do século anterior. A história da lei de zoneamento é enfadonha, porém moldou em grande medida a cidade moderna. Leis escritas têm como alvo a ambiguidade. Cada vez mais, nas décadas após a Segunda Guerra Mundial, os planejadores perseguiram espaços informais, abandonados ou amorfos.

Em Nova York, em particular, os textos prescritivos dos planejadores raramente se baseavam na experiência indutiva da cidade; suas prescrições eram formuladas dedutivamente, com a divisão do trabalho servindo de modelo para a divisão do espaço: espaços separados para as compras, a educação, a habitação. Nova York é urbanisticamente característica devido às ruas emparedadas por edifícios altos contíguos. Essas ruas entre fachadas contínuas permitem uma complexidade de uso e de usuários no nível da rua; solução que foi substituída durante os anos do pós-guerra, sempre que possível, por edifícios recuados e isolados sem, ou com poucas, atividades no nível da rua.

Esse processo de engaiolamento – separação – de diferentes usos, lugares e pessoas acelerou-se sob o capitalismo flexível. Quanto mais a cidade foi sendo separada em diferentes redutos, as questões de domínio e servidão tornam-se visíveis e físicas. O "senhor" torna-se uma regra ou um plano indicando o uso preciso de cada espaço, incluindo quem pertence a esse espaço. O "servo" ainda é um ser humano que se submete às regras de um espaço, usando-o como ele é feito para ser usado; ele sabe, além disso, a qual lugar pertence e a qual não pertence. Em Nova York hoje, o "senhor" de Hudson Yards é seu espaço público altamente articulado e regulamentado; os "servos" são os homens e as mulheres que o usam exatamente conforme planejado. Ademais, poucos latinos e afro-estadunidenses serão encontrados ali; eles não pertencem àquele lugar.

A lógica inicial de Hegel sobre a sociedade civil – como apontado, diferente de seu ponto de vista posterior, mais estatista – é que os servos se libertam no final por uma demonstração de indiferença às regras – digamos, ao colonizar porções do espaço público externo em Hudson Yards para fins políticos. Em vez de debater as regras de planejamento e a fim de se justificarem, eles falarão uma linguagem que gira em torno da necessidade de contato face a face ou, mais abstratamente, que invoca o direito à cidade de Lefevbre. O resultado é uma assimetria; senhor e servo estão falando em objetivos contrários; graças a esse desordenamento, o servo torna-se livre – livre do estabelecimento dos termos de controle pelo senhor.

Constant via a criação de uma sociedade civil por essa mesma lógica. Numa boa sociedade civil, o discurso não se resolve em um simples conjunto de questões a favor do senhor e contra o servo que busca reconhecimento. Devido a essa mesma ausência de resolução, as pessoas encontram espaços de liberdade: já não estão posicionadas, definidas.

Uma cidade pode tornar tangível esse tipo de sociedade civil. A densidade e a diversidade da população de uma cidade geram cenários múltiplos para a sociedade civil, desde que esses espaços não sejam fixos em forma e função. Nosso argumento aqui é que o DNA para esses espaços irresolvidos e libertadores pode, não obstante, ser projetado.

2 Formas Abertas

O SISTEMA FECHADO E A CIDADE PERECÍVEL

As cidades em que todos querem morar deveriam ser limpas e seguras, possuir serviços públicos eficientes, ser sustentadas por uma economia dinâmica; deveriam proporcionar estímulo cultural e também fazer o melhor para cicatrizar as divisões de raça, classe e etnia. Essas não são as cidades em que vivemos.

As cidades falham em todos esses aspectos devido à política governamental, às doenças sociais irreparáveis e às forças econômicas para além do controle local. Dessa forma, cada cidade não é dona de si própria. Ainda assim, algo deu errado – radicalmente errado – em nossa concepção do que a própria cidade deveria ser. Imaginar a boa cidade tornou-se ainda mais difícil à medida que o planejamento se tornou legalista e burocrático após a Segunda Guerra Mundial – Paris, em 1960, tinha um livro de regras muito mais grosso do que em 1870. Isso representa um paradoxo.

O planejador de hoje tem um arsenal de ferramentas tecnológicas – da iluminação à construção de pontes e túneis até os materiais para os edifícios – que os urbanistas mesmo há cem anos não podiam sequer imaginar: temos mais recursos para usar do que no passado, mas não os utilizamos muito criativamente.

Esse paradoxo pode ser atribuído a uma grande falha: a excessiva determinação tanto das formas visuais da cidade quanto de suas funções sociais. As tecnologias que possibilitam a experimentação estão subordinadas a um regime de poder que deseja ordem e controle; a imaginação urbana perdeu sua vitalidade nas garras das imagens rígidas e das delimitações precisas. Agora, quase um século depois, com habilidades técnicas ainda maiores, precisamos relaxar a cidade; precisamos imaginar uma cidade aberta em que a experimentação seja possível, que seja amigável à informalidade, uma cidade que seja aberta.

Um presságio da imaginação paralisada sobre as cidades apareceu no "Plano Voisin" de Le Corbusier para Paris, em meados da década de 1920. O arquiteto concebeu a substituição de uma grande faixa do centro histórico de Paris por edifícios uniformes, em forma de x; a vida pública no nível do piso da rua seria eliminada; o uso de todos os edifícios seria coordenado por um único plano diretor.

O "Plano Voisin" congelava a cidade eliminando a vida não regulada no nível da rua; em vez disso, as pessoas deviam viver e trabalhar, isoladamente, no alto. Esse experimento vertical distópico tornou-se realidade de várias formas. A metodologia do plano moldou a habitação pública de Chicago a Moscou, trazendo conjuntos habitacionais que vieram a parecer depósitos para os pobres. A destruição da vida vibrante da rua, pretendida por Corbusier, foi realizada no crescimento suburbano para as classes médias, com a substituição das ruas principais por centros comerciais monofuncionais, por condomínios fechados, por escolas e hospitais construídos como *campi* isolados.

O resultado da determinação excessiva é o que poderia ser chamado de a *cidade perecível*. Conforme seu uso muda, os edifícios atualmente são destruídos em vez de adaptados. O tempo médio de vida de novas habitações públicas na Grã-Bretanha é agora de 40 anos; o tempo médio de vida de novos arranha-céus em Nova York é de 35 anos. Pode parecer que a Cidade Perecível represente uma espécie de abertura, o novo eliminando o velho, porém uma mudança desse tipo é maligna. Nos Estados Unidos, as pessoas fogem dos subúrbios decadentes em vez de reinvestirem neles; na Grã-Bretanha e na Europa continental, assim como nos Estados Unidos, "renovar" o centro da cidade geralmente significa deslocar as pessoas que viviam lá antes. O "desenvolvimento" num ambiente urbano é um fenômeno mais complicado do que a simples substituição do que existia anteriormente; o desenvolvimento requer um diálogo entre o passado e o presente; é uma questão de evolução e não de apagamento.

Esse princípio é tão verdadeiro social quanto arquitetonicamente. Os vínculos da comunidade não podem surgir num instante, como num passe de mágica, com uma pincelada do planejador; eles levam tempo para serem desenvolvidos. As formas atuais de construção de cidades – segregação de funções, homogeneização da população, prevenção por meio de zoneamento e de regulamentação do significado do lugar – falham em prover às comunidades o tempo e o espaço para evoluírem, necessários ao desenvolvimento.

A Cidade Perecível é um sintoma da sociedade que opera em larga escala como um sistema fechado. Essa visão da sociedade possui dois atributos essenciais: equilíbrio e integração.

O sistema fechado regido por equilíbrio deriva de uma ideia pré-keynesiana de como o mercado funciona. Pressupõe algo como um resultado ao fim da planilha, em que despesas e receitas se equilibram. No planejamento do Estado, os ciclos de *feedback* de informações e os mercados internos devem garantir que os programas não se comprometam excessivamente, que não "suguem os recursos num buraco negro" – essa é a linguagem das reformas recentes nos serviços de saúde, familiar também para os planejadores urbanos, nas formas em que os recursos de infraestrutura para o transporte são alocados. Os limites para fazer qualquer coisa realmente bem são traçados pelo medo de negligenciar outras tarefas. Num sistema fechado, um pouco de tudo acontece simultaneamente.

Em segundo lugar, um sistema fechado é destinado a ser integrado. Idealmente, cada parte do sistema tem um lugar na concepção geral; a consequência desse ideal é rejeitar, expulsar, experiências desviantes porque elas são contestatórias ou desorientadoras; as coisas que "não se encaixam" diminuem em valor. O planejamento no ambiente urbano pode praticar uma integração repressiva ao enfatizar o *contexto* – uma palavra polida, porém potente, para lançar suspeita, reprimindo qualquer coisa que não se encaixe, garantindo que nada sobressaia, ofenda ou desafie.

A ênfase na integração desencoraja a experimentação; como John Seely Brown, o icônico inovador da computação, certa vez observou, cada avanço tecnológico apresenta no momento de seu nascimento a ameaça de ruptura e disfuncionalidade de um sistema maior. O mesmo ocorre em uma cidade.

Os pecados gêmeos do equilíbrio e da integração atormentam os planos para a educação, os serviços de bem-estar social ou a vitalidade das empresas tanto quanto na Cidade Perecível; além disso, os irmãos pecadores aparecem seja no capitalismo de Estado seja no socialismo de Estado. O sistema fechado deixa transparecer o horror do burocrata do século XX à desordem.

O contraste social com o sistema fechado não é o livre mercado, nem a alternativa à Cidade Perecível é um lugar regulamentado por empreendedores imobiliários. A esperteza do neoliberalismo fala a linguagem da liberdade enquanto manipula sistemas burocráticos fechados para o ganho privado das elites. O verdadeiro contrapeso do sistema fechado implica um tipo diferente de sistema *social*.

A CIDADE ABERTA

Uma cidade aberta funciona como Nápoles, uma cidade fechada funciona como Frankfurt.

A ideia de uma cidade aberta não é minha: o crédito pertence à grande urbanista Jane Jacobs, ao longo de sua argumentação contra a visão urbana de Le Corbusier. Ela buscou entender o que resulta quando os lugares se tornam simultaneamente densos e diversificados, como em ruas ou praças cheias, suas funções tanto públicas quanto privadas; dessas condições surge o encontro inesperado, a descoberta inesperada, a inovação. Sua visão está refletida no dito espirituoso de William Empson de que "as artes resultam da superlotação".

Jacobs buscou definir estratégias particulares para o desenvolvimento urbano, tão logo uma cidade esteja livre das restrições de ambos, equilíbrio ou integração. Elas incluem incentivar adaptações ou adições rudimentares, inusuais a edifícios existentes; encorajar usos no espaço público que não se encaixam bem juntos, tal como colocar um abrigo para aidéticos no meio de uma rua comercial. Na visão de Jacobs, o grande capitalismo e os poderosos empreendedores imobiliários tendem a favorecer a homogeneidade: determinada, previsível e equilibrada na forma; o papel do planejador radical é, portanto, defender a dissonância. Na sua famosa declaração, "se a densidade e a diversidade dão vida, a vida que criam é desordenada".

Se Jane Jacobs for a anarquista urbana que frequentemente dizem ser, então ela é uma anarquista de um tipo peculiar, conservador. Seus laços espirituais são mais próximos de Edmund Burke do que de Emma Goldman. Ela acredita que uma cidade aberta muda lentamente; as pessoas absorvem e se adaptam melhor à mudança se ela acontece no passo a passo vivido. É por isso que Nápoles, ou o Lower East Side, em Nova York, embora pobres em recursos, ainda são sustentáveis e, por isso, as pessoas se importam profundamente com eles. Elas vivem *dentro* desses lugares, como num ninho. O tempo gera apego ao lugar.

As cidades que conhecemos hoje, fora da órbita europeia, são de transformação rápida; a urbanização da Ásia, da América Latina e da África ocorreu em décadas, não em séculos. Os impulsionadores do tempo rápido – empreendedores imobiliários, investidores, agentes nacionais – querem que suas cidades sejam fechadas na forma; isso é, que sejam quantificáveis, determináveis, equilibradas e bem integradas. Assim o investidor, ele ou ela, sabe o que está obtendo.

Se quisermos que o desenvolvimento urbano seja aberto, não conseguiremos conter essas forças simplesmente dizendo "devagar" ou "espera". A noção de tempo burkiana de Jacobs, acompanhada pela sua defesa dos pequenos negócios, não tem muita tração face à política econômica atual. Em vez disso, a resistência ao fechamento da cidade torna os projetos compensatórios ainda mais importantes.

Na minha própria reflexão, perguntei-me que tipos de formas físicas poderiam resistir à cidade fechada e fortalecer a aberta. Os planos apresentados por Pablo Sendra neste livro exploram a infraestrutura física que poderia fazer isso. Acima do solo, há três tipos de configurações de "DNA urbano" que podem ser mobilizados numa situação de desenvolvimento urbano rápido e massivo. Essas três formas em uma cidade aberta são: 1. territórios de passagem; 2. objetos incompletos; e 3. narrativas não lineares.

Territórios de Passagem

Gostaria de descrever com algum detalhe a experiência de passar por territórios diferentes da cidade, tanto porque o ato da passagem é a maneira de conhecermos a cidade como um todo e, também, porque planejadores e arquitetos têm muita dificuldade em projetar a experiência da passagem de um lugar para o outro. Começarei com os muros, que parecem ser estruturas que inibem a passagem, e então examinarei algumas das formas em que as bordas de um território urbano funcionam como muros.

Muros

O muro pareceria uma escolha improvável; ele é uma construção urbana que literalmente isola uma cidade. Até a invenção da artilharia, as pessoas se abrigavam atrás dos muros quando atacadas; os portões nos muros também serviam para regular o comércio que entrava nas cidades, sendo frequentemente o ponto de cobrança dos impostos. Grandes muralhas medievais como as que sobrevivem em Aix-en-Provence ou Roma fornecem uma imagem geral talvez enganosa; as antigas muralhas gregas eram mais baixas e mais finas. Mas também imaginamos equivocadamente como as próprias muralhas medievais funcionavam.

Embora fechassem, elas também serviam como lugares para o desenvolvimento desregrado na cidade: casas eram construídas de ambos os lados das muralhas na cidade medieval; o comércio informal com mercado negro ou bens não tributados florescia ao lado delas; a zona da muralha era o local em que tendiam a gravitar os heréticos, os exilados estrangeiros e outros desajustados, mais uma vez longe dos controles do centro. Esses espaços teriam atraído a anárquica Jane Jacobs.

No entanto, também eram lugares que teriam agradado a seu temperamento organicamente orientado. Essas muralhas funcionavam de forma muito semelhante a membranas celulares, ao mesmo tempo porosas e resistentes. Essa dupla função da membrana é, creio eu, um princípio importante para visualizar formas modernas de vida urbana. Sempre que construímos uma barreira, precisamos igualmente garantir que ela seja permeável; a distinção entre o interior e o exterior deve ser violável, senão ambígua.

O típico uso contemporâneo de placas de vidro para paredes não faz isso; é verdade que, da rua, é possível ver o que está dentro do edifício, mas não se pode tocar, cheirar ou ouvir qualquer coisa interna; as placas em geral são rigidamente fixadas de modo que só haja uma entrada, regulada, para o interior. O resultado é que nada se desenvolve em nenhum dos lados dessas paredes transparentes: como no Edifício Seagram, de Mies van der Rohe, em Nova York, ou na nova Prefeitura de Londres, de Norman Foster, há espaços mortos dos dois lados da parede; a vida no edifício não se acumula ali. Em contraste, Louis Sullivan, arquiteto do século XIX, usou formas muito mais primitivas de placas de vidro com mais flexibilidade, como convites para se reunir, entrar num edifício ou permanecer no seu perímetro; seus painéis de placas de vidro funcionam como paredes permeáveis. Esse contraste no projeto com placas de vidro revela uma falha de imaginação atual no uso de um material moderno para obter um efeito sociável.

A ideia de uma parede celular, que seja tanto resistente quanto porosa, pode ser ampliada de edifícios individuais para as zonas em que as diferentes comunidades de uma cidade se encontram.

Fronteiras

Ecologistas como Stephen Jay Gould chamam nossa atenção para uma distinção importante no mundo natural, aquela entre divisas e fronteiras. A divisa é uma borda na qual as coisas terminam; a fronteira é uma borda na qual diferentes grupos interagem. Nas ecologias naturais, fronteiras são os locais em que os organismos se tornam mais interativos, devido ao encontro de espécies ou condições físicas diferentes. Por exemplo, a margem de um lago, em que a água encontra a terra firme, é uma zona ativa de trocas; ali, organismos encontram e se alimentam de outros organismos. Isso também é verdadeiro para as camadas de temperatura dentro de um lago: a zona de atividade biológica mais intensa é aquela na qual uma camada encontra a outra. Não é de surpreender, portanto, que também na zona limítrofe o trabalho da seleção natural seja mais intenso, enquanto a divisa é um território guardado, como o estabelecido por bandos de leões ou alcateias de lobos. A divisa estabelece fechamento, enquanto a fronteira funciona mais como uma muralha medieval. A fronteira é um espaço liminar.

No âmbito da cultura humana, os territórios consistem igualmente de divisas e de fronteiras – nas cidades, de forma mais simples, há um contraste entre condomínios fechados e ruas abertas e complexas. Entretanto, a distinção no planejamento urbano vai mais fundo.

Quando imaginamos onde encontrar a vida de uma comunidade, normalmente procuramos por ela no centro da comunidade; quando queremos fortalecer a vida comunitária, tentamos intensificar a vida no centro. A condição de margem é considerada mais inerte e, de fato, as práticas modernas de planejamento, tal como o fechamento das bordas de comunidades com autoestradas, criam divisas rígidas que carecem de qualquer porosidade. Contudo, descuidar da condição da margem – o pensamento da divisa, se preferir – significa que a troca entre comunidades de diferentes raças, etnias, ou classes é reduzida. Ao privilegiar o centro, consequentemente enfraquecemos as complexas interações necessárias para reunir os diferentes grupos humanos que uma cidade contém.

Deixe-me dar como exemplo uma falha em minha própria prática de planejamento. Alguns anos atrás, eu estava envolvido no plano para a criação de um mercado destinado a servir a comunidade hispânica no Harlem Espanhol, em Nova York. Essa comunidade, uma das mais pobres na cidade, fica acima da rua 96, no Upper East Side, em Manhattan. Logo abaixo da rua 96, numa mudança abrupta, fica uma das comunidades mais ricas do mundo, que se estende da rua 96 até a rua 59, comparável a Mayfair, em Londres, ou ao 7º *arrondissement*, em Paris. Assim, a rua 96, em si, poderia funcionar tanto como uma divisa quanto como uma fronteira. Nós, planejadores, escolhemos posicionar La Marqueta bem no centro do Harlem Espanhol, a vinte quadras de distância, e a considerar a rua 96 como uma borda morta na qual quase nada acontece. Tomamos a decisão errada. Se tivéssemos edificado o mercado na rua 96, poderíamos ter encorajado uma atividade que atraísse os ricos e os pobres para algum contato comercial diário. Desde então, planejadores mais sensatos aprenderam com o nosso erro e, no West Side de Manhattan, buscaram localizar novos recursos comunitários nas margens entre as comunidades, a fim de, por assim dizer, abrir os portões entre coletividades racial e economicamente diferentes. Seu entendimento do valor da margem e da fronteira provou-se integrador. Nossa priorização do centro revelou-se segregadora.

Não pretendo pintar um quadro panglossiano de tais iniciativas no planejamento: a abertura de fronteiras significa que pessoas com poderes diferentes serão expostas à competição. Fronteiras podem servir como lugares de troca tensos, em vez de amistosos – evocando algo da qualidade predatória das condições de fronteira nas ecologias naturais. No entanto, correr esse risco, coisa que os planejadores estão fazendo agora sob condições mais explosivas em Beirute e em Nicósia, é a única maneira, acredito, de podermos criar condições para uma vida coletiva socialmente sustentável nas cidades; em última análise, o isolamento não é um real garantidor da ordem civil.

O muro permeável e a margem como fronteira criam elementos físicos essenciais para um sistema aberto nas cidades. Tanto os muros permeáveis quanto as fronteiras criam um espaço liminar – isso é, um espaço nos limites do controle, limites que permitem o aparecimento de coisas, atos e pessoas inesperados ainda que bem delineados e situados. O psicólogo biológico Lionel Festinger certa vez caracterizou esses espaços liminares como determinantes da importância da "visão periférica"; do ponto de vista sociológico e no sentido urbanístico, esses lugares operam diferentemente do que aqueles lugares que concentram a diferença em um centro; no horizonte, na periferia, na fronteira, as diferenças sobressaem, uma vez que cada um está ciente de que está atravessando de um território para o outro.

Forma Incompleta

Essa discussão de muros e fronteiras leva logicamente a uma segunda característica sistêmica da cidade aberta: a forma incompleta. A incompletude pode parecer inimiga da estrutura, mas não é o caso. O projetista precisa criar formas físicas de um tipo particular que sejam "incompletas" de uma maneira característica.

Quando projetamos uma rua, por exemplo, de modo que os edifícios fiquem recuados do limite da rua, o espaço aberto na frente não é verdadeiramente um espaço público; pelo contrário, o edifício foi retirado da rua. Nós conhecemos as consequências práticas – as pessoas que caminham pela rua tendem a evitar esses espaços recuados. O planejamento é melhor se o edifício for trazido para frente, numa interação com os demais edifícios; embora o edifício venha a se tornar parte do tecido urbano, alguns de seus elementos volumétricos agora não estarão completamente revelados. Há uma incompletude na percepção do objeto.

A incompletude da forma estende-se ao próprio contexto dos edifícios. Na Roma clássica, o Panteão de Adriano coexistia com os edifícios menos notáveis que o rodeavam no tecido urbano, embora os arquitetos de Adriano tivessem concebido o Panteão como um objeto autorreferencial. Encontramos a mesma coexistência em muitos outros monumentos arquitetônicos: St. Paul, em Londres; o Rockefeller Center, em Nova York; o Institut du monde árabe, em Paris – todos eles grandes obras de arquitetura que estimulam a construção ao seu redor. É esse estímulo, mais do que o fato de os edifícios ao redor serem de menor qualidade, o que conta em termos urbanos: a existência de um edifício está implantada de tal forma que estimula o desenvolvimento de outros empreendimentos à sua volta. E, nessa altura, os edifícios adquirem seu valor especificamente urbano pela relação de uns com os outros – eles se tornam, com o tempo, formas incompletas se considerados isoladamente, por si mesmos.

A forma incompleta é, mais que tudo, uma espécie de credo criativo. Nas artes plásticas é expressa na escultura propositalmente deixada inacabada; na poesia é expressa na "engenharia do fragmento", usando a frase de Wallace Steven. O arquiteto Peter Eisenman buscou evocar algo do mesmo credo no termo "arquitetura leve", que significa uma arquitetura planejada de tal forma a ser acrescida ou, mais importante, intrinsicamente revisada ao longo do tempo conforme mudam as necessidades de habitação.

Esse credo opõe-se à simples substituição da forma que caracteriza a Cidade Perecível, mas é uma oposição exigente – uma tensão que se vê, por exemplo, quando tentamos converter edifícios de escritórios para uso residencial.

Narrativas Não Lineares

As cidades não se desenvolvem linearmente ao longo do tempo: as suas formas se retorcem e giram à medida que os eventos históricos alteram a maneira em que as pessoas ali vivem. Mas, com bastante frequência, a *ville* é planejada como se projetos específicos pudessem ser desenvolvidos de forma sequencial, passando da concepção à conclusão com um mínimo de mudança ao longo do trajeto. É certamente necessário reduzir custos de material e mão de obra por meio de cálculos iniciais, e não se pode construir um aeroporto ou um sistema de esgoto por tentativa e erro. Mas essas são grandes construções. No nível da casa, da escola, do escritório ou da loja, a escala menor permite que as estruturas tenham a forma alterada conforme os usos ou os usuários mudem.

As formas incompletas admitem que essa alteração ocorra fisicamente. Aglomeradas em uma assemblagem, essas formas incompletas permitem que o desenvolvimento não linear da *cité* ocorra. Por exemplo, em Londres, essa aglomeração de edifícios mutáveis ocorreu no bairro Spitalfields no East End, quando a tecelagem e os tecelões trazidos para Londres pelos huguenotes franceses no século XVII deram lugar à alfaiataria e aos alfaiates judeus que vieram da Europa Oriental para Londres no final do século XIX; no início do século XX, trabalhadores da construção civil das ilhas do Caribe começaram a chegar e, em meados do século XX, os pequenos comerciantes de Bangladesh e da Índia. A assemblagem de formas construtivas flexíveis permitiu que diferentes grupos se desenvolvessem no mesmo espaço. Até a gentrificação de Spitalfields afastar a maioria desses imigrantes, eles elaboraram modos informais de coexistência que combinavam com os usos adaptados das formas físicas.

Ninguém planejou essa história; Spitalfields nunca exibiu um cartaz dizendo "imigrantes são bem-vindos aqui". Não obstante, os planejadores podem aprender com esse crescimento espontâneo. Em nossos pequenos projetos, podemos trabalhar reflexivamente. Isso significa focalizar as etapas em que um determinado projeto se desenvolve. Especificamente, precisamos tentar entender quais elementos devem acontecer primeiro, bem como as consequências desse movimento inicial. Em vez de uma marcha em rígida conformidade para atingir um único fim, devemos olhar as diferentes e conflitantes possibilidades que cada etapa do processo do projeto pode envolver. Manter essas possibilidades intactas, deixando em jogo os elementos conflitantes, abre o sistema do projeto.

Se um romancista anunciasse no início de uma história "eis aqui o que irá acontecer" – o que as personagens se tornarão e o que a história significa – fecharíamos imediatamente o livro. Toda boa narrativa tem a propriedade de explorar o inesperado, da descoberta; a arte do romancista é moldar o processo dessa exploração. O mesmo ocorre com a arte do projetista urbano.

Em suma, podemos definir um sistema aberto como aquele em que o desenvolvimento admite conflito e dissonância. Essa definição está no cerne da compreensão de Darwin da evolução; em vez da sobrevivência do mais capaz (ou do mais belo), ele enfatizou o processo de desenvolvimento como uma luta contínua entre equilíbrio e desequilíbrio; um ambiente rígido na forma, estático no programa, está condenado pelo tempo; a biodiversidade, ao contrário, propicia ao mundo natural os recursos para prover a mudança.

Essa visão ecológica faz o mesmo sentido para os assentamentos humanos, mas não é a visão que orientou o planejamento estatal do século XX. Nem o capitalismo de Estado nem o socialismo de Estado abraçaram o desenvolvimento no sentido em que Darwin o entendeu no mundo natural, em ambientes que permitiram a interação entre organismos com funções distintas, dotados de poderes diferentes.

Quero concluir fazendo uma conexão entre a sistemática da cidade aberta e a política da democracia. Em que sentido as formas que descrevi podem contribuir para a prática da democracia?

ESPAÇO DEMOCRÁTICO

Quando a cidade funciona como um sistema aberto – incorporando os princípios da permeabilidade do território, da forma incompleta e do desenvolvimento não linear – ela se torna democrática, não no sentido legal, mas como uma experiência tátil.

No passado, o pensamento sobre a democracia centrava-se nas questões de governança formal; hoje, enfoca a cidadania e as questões de participação. Participação é algo que tem tudo a ver com a cidade física e seu projeto. Por exemplo, na antiga pólis, os atenienses usaram o teatro semicircular para fins políticos; essa forma arquitetônica proporcionava boa acústica e uma visão desimpedida dos oradores em debate; além disso, tornava possível a percepção da reação das outras pessoas durante os debates.

Nos tempos modernos, não temos um modelo similar de espaço democrático – e, certamente, nenhuma imagem clara de um espaço democrático urbano. John Locke definiu a democracia em termos de um corpo de leis que pode ser praticado em qualquer lugar. Democracia, aos olhos de Thomas Jefferson, era incompatível com a vida nas cidades; ele considerava que os espaços que ela exigia não podiam ser maiores que uma aldeia. A sua visão persistiu. Ao longo dos séculos XIX e XX, os defensores das práticas democráticas identificaram-nas com pequenas comunidades locais e as relações face a face.

A cidade de hoje, que é grande, está repleta de migrantes e diversidade étnica, uma cidade em que as pessoas pertencem a muitas comunidades diferentes ao mesmo tempo – por meio de seu trabalho, de suas famílias, dos hábitos de consumo e das atividades de lazer. Para as cidades globais como Londres e Nova York, uma questão-chave da participação cidadã diz respeito a como as pessoas podem se sentir conectadas, tanto física quanto socialmente, com outros a quem, necessariamente, não conhecem. Espaço democrático significa a criação de um fórum para esses estranhos interagirem.

PARTE II
INFRA ESTRUTURAS PARA A DESORDEM

Pablo Sendra

3 Do Papel ao Plano

Li pela primeira vez *The Uses of Disorder* quando tinha 25 anos, a mesma idade de Richard Sennett quando escreveu o livro. Li o livro no começo de 2009, quando a crise do capitalismo e a recessão econômica estavam inaugurando um período de incerteza e oportunidade para movimentos sociais, como aconteceu em 2011 com o movimento 15-M na Espanha e o movimento Occupy Wall Street, nos Estados Unidos, no Reino Unido e em outros países. *The Uses of Disorder* foi publicado em 1970, influenciado pela nova esquerda e a contracultura dos anos 1960, como Richard Sennett admite no prefácio da edição de 2008.

A maneira como essa situação sociopolítica influenciou Richard Sennett diferencia sua posição de outras reações ao desenho urbano modernista, tal como a de Jane Jacobs[1]. A contestação das normas sociais fez com que Richard se concentrasse na identidade pessoal e na forma como a vida na cidade a influencia. Nesse contexto, Richard percebeu a experiência urbana, sua complexidade e sua incerteza como essenciais para o desenvolvimento de uma identidade adulta, que prepara as pessoas para enfrentar situações inesperadas e deparar-se com a diferença. Dessa forma, a posição de Richard diferiu do apelo de Jacobs para restaurar as "pequenas e íntimas relações entre vizinhos na vida da cidade"[2], característica do passado. Em vez de procurar uma revivescência romântica da vida de bairro do passado, Richard propôs encontrar novas condições de vida urbana para o futuro, em que as pessoas aprendam como aceitar a desordem por meio da experiência urbana. Richard também identificou que as funções excessivamente determinantes por meio do planejamento estavam eliminando os encontros imprevistos e inibindo a interação social.

Cinquenta anos após *The Uses of Disorder*, esquemas de regeneração ainda buscam eliminar comportamentos indesejados e tendem a domesticar a informalidade. A validade dos argumentos do livro, cinquenta anos depois, me fez questionar: os arquitetos e os planejadores conseguem projetar a desordem?

Nos anos 1960, as restrições à vida na cidade que Richard identificou estavam enquadradas em um contexto político muito particular, com a imposição de certas normas sociais e foram introduzidas por grandes planos de renovação urbana, que incluíam a construção em massa de habitações e vias expressas urbanas, juntamente com o refúgio de comunidades prósperas nos subúrbios. Hoje, o contexto sociopolítico mudou. No entanto, permanece a imposição da ordem por meio do planejamento e do projeto urbanos.

Ambas as décadas de 1960 e de 2010 foram décadas de contestação e de ativismo contra a ordem imposta, o controle social e os desenvolvimentos urbanos que exacerbam as desigualdades e produzem alienação. Para entender de que tipos de desordem as cidades necessitam hoje, precisamos identificar quais são as diversas formas de ordem imposta e como elas estão sendo contestadas.

Os tipos de desordem a que nos referimos não são projetos inflexíveis, nem implicam formas urbanas e arquitetônicas irregulares, como o pós-modernismo tentou fazer em resposta ao modernismo. Pelo contrário, entendemos a desordem como a contestação das ordens impostas. Uma vez que essas imposições de controle social por meio do planejamento e do projeto urbanos mudam, a desordem não é estável, ela é dinâmica e muda para desafiar o sistema e propor alternativas.

Quando Richard Sennett escreveu *The Uses of Disorder* no final dos anos 1960, os Estados Unidos viviam no clima da Guerra Fria e da Guerra do Vietnã. Havia um aumento do ativismo e, como Richard observa no prefácio da edição de 2008 do livro, os jovens acreditavam estar "à beira de uma mudança revolucionária"[3] e que o capitalismo estava prestes a implodir. Esse sentimento de estar em um *momentum* único, em um tempo oportuno para desafiar um sistema que havia falido, é muito similar ao que aconteceu com os jovens no movimento 15-M e nos subsequentes ativismo e iniciativas políticas que emergiram dali.

A crise financeira de 2008 pegou a Espanha de surpresa. A crise econômica, os elevados índices de desemprego, o fato de muitas famílias estarem sendo despejadas de suas casas por não conseguirem pagar suas hipotecas e o descontentamento com um sistema que privilegiava os poderosos levaram a uma agitação social generalizada, que resultou na ocupação de uma praça central em cada cidade da Espanha em 15 de maio de 2011.

O movimento 15-M começou em Madri e rapidamente se espalhou por todas as cidades do país, com as pessoas protestando e imaginando futuros alternativos durante o dia e acampando à noite. Uma geração que vivera confortavelmente no *status quo* acordou em 15 de maio de 2011 contestando um sistema injusto que, em um momento de crise, privilegiava os banqueiros e os poderes econômicos. O movimento 15-M cruzou gerações. Embora as pessoas da minha geração representassem uma porcentagem elevada dos manifestantes, o movimento recebeu apoio generalizado.

As assembleias regulares que começaram a ocorrer assim que as pessoas pararam de acampar nas praças tinham o objetivo de imaginar futuros alternativos distantes do capitalismo. Três anos depois do 15-M, o partido político que emergiu dos ideais do movimento, o Podemos, usou a expressão *asaltar los cielos* (invadir os céus), que Marx previamente utilizara para descrever a Comuna de Paris de 1871[4]. O partido clamou pela unidade dos movimentos sociais e transmitiu a ideia de que estávamos em um momento único para desafiar o sistema e eleger um governo que emergira das bases.

Íñigo Errejón, um dos fundadores do partido, em sua conversa com a filósofa política belga Chantal Mouffe, explicou que a falha do sistema abre uma janela de oportunidade que logo será fechada novamente pelos poderosos[5].

Esse sentimento de se estar em um momento de oportunidade para propor mudanças no sistema também estava presente na esfera intelectual. Eu estava passando alguns meses na Universidade de Cambridge quando o movimento Occupy aconteceu, em outubro de 2011. Manuel Castells veio dar algumas palestras e apresentou sua pesquisa sobre o papel da tecnologia em movimentos sociais como a Primavera Árabe e o movimento Indignados, na Espanha. Richard deu palestras na Universidade de Cambridge e no Pavilhão da Galeria Serpentine, em Londres, sobre as interações sociais durante o movimento Occupy, em Nova York.

No entanto, enquanto Errejón observava que essa crise do sistema era uma oportunidade a curto prazo que não podia ser perdida, argumentava

FIG. 2
Manifestação do 15-M na Plaza de la Encarnación (popularmente conhecida como "Las Setas" [Os Cogumelos]), Sevilha, Espanha. Maio de 2011. Autor: Pablo F.J. (Flickr). CC BY 2.0.

igualmente que há uma tarefa a longo prazo – reconstruir uma sociedade fragmentada pelo neoliberalismo.

The Uses of Disorder também discutiu, cinquenta anos atrás, essa mudança a longo prazo. Essa mudança exige que sigamos para além da troca de líderes políticos e nos força a pensar sobre o que ocorre após a revolução. No contexto das revoltas no final dos anos 1960, Richard Sennett defendeu um "novo anarquismo", no qual as pessoas aprenderiam a aceitar a desordem em suas vidas como benéfica. Ele entendeu que essa aceitação da desordem deveria ocorrer em cidades diversas e populosas e defendeu a transformação das "burocracias de grande escala baseadas na cidade" em "vidas comunitárias melhores"[6]. O novo anarquismo não só rejeitava o sistema atual, mas também oferecia uma alternativa viável que reconfigurava o poder burocrático metropolitano.

Esse novo sistema combina descentralização e localismo – devolvendo poder e provendo recursos econômicos para as comunidades – com poder centralizado limitado, que consiste na distribuição de bens e gerenciamento de certos serviços. Com essa descentralização, ele propôs o envolvimento de muito mais pessoas no planejamento das cidades.

Um exemplo desse novo anarquismo na década de 1970 pode ser encontrado no movimento de ocupação, em Londres. Conforme Alexander Vasudevan mostra em seu livro *The Autonomous City* (A Cidade Autônoma), uma nova onda de ocupação surgiu em Londres, em 1968[7]. Vasudevan explica como o sucesso de alguns espaços ocupados levaram ao surgimento de inúmeras ocupações locais em muitas partes diferentes de Londres, com algumas iniciativas coordenadas em toda a cidade. Ele também indica que esses espaços ocupados não se limitavam às lutas pela habitação – eles também propunham novas formas de viver em comunidade, como Richard defendeu em seu livro. Vasudevan expõe as ligações dos grupos de ocupações com as campanhas e outros movimentos, como a Internacional Situacionista, anarquistas e outros grupos esquerdistas, coletivos feministas e LGBTQIA+[8].

Tome, por exemplo, Frestonia, um grupo heterogêneo que ocupou habitações abandonadas pertencentes ao Greater London Council na Freston Road, região oeste de Londres. A mistura de artistas e ativistas desencadeou uma resposta criativa ao anúncio de demolição das casas. Coletivamente, o grupo decidiu adotar o sobrenome "Bramley" e declarou independência da Grã-Bretanha. A estratégia do sobrenome foi uma resposta a uma política do Greater London Council pela qual os membros de uma família deviam ser realojados juntos como uma família única.

Em seguida, o ator David Rappaport-Bramley, ministro das relações exteriores de Frestonia, escreveu uma carta às Nações Unidas informando-as de sua soberania e fez uma solicitação de adesão plena à ONU para a República Independente Livre da Frestonia. No documento, eles alertaram a organização sobre a possibilidade de uma "invasão na Frestonia e despejo pela Autoridade da Grande Londres e outros órgãos do governo britânico"[9]. Desde o momento de sua independência, os visitantes de Frestonia recebiam um selo em seu passaporte e uma autorização de entrada ilimitada. Em que pese a ONU nunca ter respondido a essa solicitação, ela atraiu muita atenção da mídia e a Autoridade da Grande Londres finalmente teve que negociar com os ocupantes, que formaram a Bramley Housing Co-op e construíram novas casas em colaboração com o Fundo Notting Hill Housing[10].

A partir do final dos anos 1970, o Greater London Council facilitou a transformação de imóveis ocupados em cooperativas de habitação. Como Vasudevan explica, isso garantiu uma espécie de locação para muitas das pessoas que ocuparam o imóvel, mas também neutralizou, até certo ponto, a ocupação de imóveis em Londres[11]. O debate sobre a pertinência em negociar com as autoridades locais, a fim de regularizar uma situação na qual a lei está sendo contestada, estava presente no ativismo nos anos 1970 e continua hoje. Essa tensão suscita uma discussão muito relevante: até que ponto essas negociações neutralizam a desordem ou serão elas vitórias políticas que produzem futuros alternativos e podem trazer formas mais inclusivas de viver em comunidade?

O novo anarquismo de Londres nos anos 1970 tem uma contraparte nos anos 2010, quando grupos comunitários se opuseram às políticas de austeridade neoliberais, propondo estratégias coletivas alternativas. Nesse ativismo mais recente, grupos de inquilinos e proprietários de imóveis de habitação social estão empregando uma interessante diversidade de estratégias para impedir a demolição de suas casas e propor planos alternativos liderados pelas comunidades[12]. Essas estratégias vão desde a ação direta, como a ocupação de edifícios vazios, até o forte envolvimento com o processo de planejamento, em que as comunidades formam um fundo predial comunitário para solicitar a transferência das casas da autoridade local para sua organização comunitária e/ou produzem seu próprio plano de regeneração dos imóveis por meio do planejamento do bairro, um arcabouço estatutário de planejamento introduzido na legislação inglesa pelo Localism Act, de 2011[13].

Como consequência do envolvimento forte e ativo desses grupos, muitos moradores tornaram-se especialistas tanto no planejamento quanto no confronto da injustiça. Campanhas como as conduzidas pelos moradores de Cressingham Gardens, em Lambeth, ou de West Kensington e Gibbs Green, em Hammersmith e Fulham – dois conjuntos de habitação social em Londres nos quais os moradores estão resistindo e contestando os planos para demolição e revitalização – demonstram a capacidade poderosa dos moradores em agir, adquirir conhecimento de planejamento e colaborar com especialistas para propor esquemas de regeneração alternativos direcionados pela comunidade (e mesmo de posse da comunidade).

Isso tem relação com a proposta de Richard Sennett de uma "radical expansão de pessoas atuantes como planejadores e líderes urbanos"[14]. Também representa uma forma de contestação não contrária aos processos de cima para baixo, como também propõe maneiras alternativas de vida comunitária de baixo para cima. Algumas dessas campanhas já conseguiram influenciar a tomada de decisões burocráticas e persuadir autoridades locais a romper acordos com empreendedores imobiliários privados. Embora, na Londres neoliberal de hoje, uma mudança de poder dos empreendedores imobiliários para as pessoas pareça distante, os futuros alternativos que esses grupos comunitários imaginam, que inclui ideias tais como a propriedade coletiva, podem se tornar modelos para construir coletivamente uma cidade mais justa.

Mas como podemos aprender a aumentar a escala dessas formas alternativas de vida comunal passando de iniciativas comunitárias para o nível da cidade como um todo? Isso tem permanecido um grande desafio para o ativismo e os movimentos sociais.

Há duas maneiras de expandir a contestação ao poder para o nível da cidade: as redes de interconexão de pessoas e o municipalismo. Esses dois elementos não são mutuamente excludentes – ambos são necessários, complementares e em contínua interação. As redes tratam de como estar em luta permanente a partir das bases, criando iniciativas locais conectadas que propõem formas alternativas de governança e de vida comunitária. O municipalismo oferece *insights* para transformar instituições existentes em estruturas mais abertas e democráticas.

Em meu envolvimento recente no ativismo em Londres, tenho colaborado com a Just Space[15], uma rede de campanhas que abrange toda Londres e que tem como intuito trazer a voz das organizações de base para o planejamento urbano da cidade. Durante minha colaboração com o grupo, experimentei a importância dessas redes para a criação de alianças entre comunidades que estão passando por lutas semelhantes e desenvolvendo soluções alternativas. Primeiro, essas alianças criam solidariedade entre as comunidades, nas quais moradores ou comerciantes locais que enfrentam a possibilidade de serem deslocados podem sentir que não estão sozinhos. Em segundo, essas comunidades aprendem umas com as outras como desafiar o poder e propor formas alternativas de governar e planejar a cidade. Essa troca de conhecimento e de habilidades entre comunidades propicia uma ampla capacidade e uma *expertise* de residentes de longa data, inquilinos e comerciantes locais, para que tenham uma voz mais forte no planejamento. Em terceiro, a existência de uma aliança das organizações comunitárias que abrange toda Londres fornece a elas uma voz para influenciar nas decisões de planejamento e propor coletivamente como as estratégias da cidade podem ser mais inclusivas e democráticas[16].

A ideia de criar redes de movimentos baseia-se em ideias do anarquismo, em que diversos grupos autônomos criam uma federação de coletividades sem hierarquias. Houve algumas tentativas de criar essas redes durante o movimento de ocupação em Londres nos anos 1970[17]. Hoje, há diversos exemplos de federações de cooperativas habitacionais que se organizam do nível municipal ao internacional, que compartilham certos valores e princípios e se encontram regularmente para rever suas ideias e promover o cooperativismo[18].

Essas redes precisam estar em interação contínua com as instituições existentes, de modo a desafiar e transformar a autoridade da cidade numa forma de governança mais aberta e inclusiva[19]. Um bom exemplo da penetração dos movimentos sociais nas instituições da cidade está na forma como tais movimentos na Espanha, quatro anos após o 15-M, em 25 de maio de 2015, conseguiram construir iniciativas políticas municipalistas que ganharam as eleições em cidades como Madri, Barcelona, Corunha, Cádis e Saragoça[20].

A presença de ativistas na política municipal permite a transformação das estruturas burocráticas da cidade em formas mais abertas de governança. Esses governos municipais abertos implementaram políticas e estratégias que impedem que os interesses privados criem mais desigualdade na cidade. Por exemplo, em 2018 Barcelona criou sua própria companhia elétrica municipal para combater a falta de energia para os pobres, que não conseguem pagar por ela, e também lutou contra os apartamentos alugados, sem licença, para turistas. Além disso, essas autoridades municipais estão testando formas mais abertas de governança e de distribuição de recursos. Estão se envolvendo ativamente com as comunidades nos experimentos de planejamento urbano, incluindo sistemas participativos destinados à alocação dos recursos econômicos para iniciativas comunitárias por meio de plataformas de código aberto.

O aumento do número de cidadãos envolvidos no planejamento é a primeira mudança que Richard propõe na criação de "instituições novas da cidade", em *The Uses of Disorder*[21]. A segunda mudança tem a ver com o encorajamento a formas mais horizontais de governança. Ao mesmo tempo em que tanto Ada Colau (prefeita de Barcelona) quanto Manuela Carmena (prefeita de Madrid até junho de 2019) mostraram-se líderes carismáticas, suas administrações governaram horizontalmente. Laura Roth e Kate Shea Baird, da coligação Barcelona en Comú, explicam essa postura não hierárquica como a "feminização da política"[22], na qual as estruturas hierárquicas são substituídas por uma abordagem mais colaborativa que inclui assembleias e comitês de vizinhança no processo de tomada de decisão.

A terceira mudança institucional que Richard propõe é enfraquecer "o fenômeno da força familiar"[23]. A sociedade mudou muito nos últimos cinquenta anos, com as pessoas tendo filhos numa idade mais avançada, uma maior diversidade nas estruturas familiares e um progresso substancial no reconhecimento dos direitos LGBTQIA+. Grande parte desse progresso ocorreu graças à pressão dos movimentos sociais e sua interação com os governos que implementaram políticas como a de direitos iguais no casamento. Na Espanha, os movimentos sociais e a presença na política do ativista LGBTQIA+ Pedro Zerolo influenciaram fortemente a adoção da equidade matrimonial (que incluiu o direito de adotar filhos), em 2005. Desde então, os políticos LGBTQIA+ tornaram-se mais expressivos, e isso tem afetado a diversidade das composições familiares na Espanha.

Andrés Jaque e seu Escritório de Inovação Política estudaram como os lares contemporâneos tornaram-se mais complexos e diversos. De acordo com Jaque, isso transformou a esfera doméstica numa "arena" para disputa e negociação[24]. Além disso, as marchas das mulheres de 8 de março, em 2018 e 2019, ambas com grande participação, enfatizaram os debates públicos sobre o feminismo que desafiam a sociedade patriarcal.

É essencial que as redes de base e o municipalismo coexistam e interajam continuamente. Laura Roth e Kate Shea Baird explicam essa interação como uma "tensão criativa entre aqueles que estão dentro e os que estão fora das instituições locais"[25], onde os movimentos de base e as redes podem colocar pressão nos governos locais e participar dos processos de tomada de decisão. Os governos municipalistas, como o da coligação Barcelona en Comú, veem a pressão dos movimentos sociais como algo positivo e necessário, uma vez que contrabalança as pressões que podem vir de outros interesses. Em seu primeiro discurso após ter sido reeleita prefeita de Barcelona em 2019, Ada Colau disse que todas as realizações durante os primeiros quatro anos da sua administração foram conquistas dos movimentos sociais que pressionaram por essas mudanças.

Como essa contestação às ordens impostas era colocada em prática há cinquenta anos e como é atualmente? A resistência comunitária ao longo da Westway, em North Kensington, Londres, exemplifica bem as conexões entre o ativismo atual e o de cinquenta anos atrás. Os ativistas contestaram formas diferentes de ordens impostas, porém há ligações entre o que aconteceu no final dos anos 1960 e o trabalho ativista que se desenvolve agora.

A Westway é uma autovia elevada que cruza North Kensington, uma área na região oeste de Londres bem conhecida pelo mercado da Portobello Road. Essa autovia elevada foi construída entre 1966 e 1970[26], sendo que a demolição das habitações começou em 1964. Ela fazia parte de um plano muito ambicioso para construir a "London motorway box" (quadrado viário de Londres), um rodoanel que teria circundado o centro de Londres e destruído milhares de moradias, mas o plano foi cancelado em 1973 após forte oposição de grupos em diferentes partes da cidade e da formação do partido político Homes Before Roads (Casas Antes de Estradas)[27]. A Westway foi um dos poucos trechos construídos da autovia. Causou a destruição de muitas casas em uma comunidade desfavorecida e transformou a vizinhança em um enorme canteiro de obras durante seis anos.

Durante o processo de demolição, um grupo de ação comunitária denominado London Free School, organizadores do primeiro carnaval de Notting Hill, em 1966, começou a usar parte da área demolida como um *playground*[28]. A partir da necessidade de espaço para brincar, foi fundado o grupo North Kensington Playspace, que começou a reivindicar mais espaço[29]. Embora o Conselho estivesse planejando construir um estacionamento sob a Westway, os moradores perceberam que ainda não havia uma autorização estabelecida no planejamento para isso e reivindicaram que o espaço sob a Westway fosse cedido à comunidade.

Durante aqueles anos, a população local construiu espaços comunitários sob a Westway, como a autoconstrução do playground entre a St. Marks Road e a Ladbroke Grove. Após anos de campanha, o North Kensington Amenity Trust foi formado, em 1971, com o objetivo de doar os 9,3 hectares sob a Westway para a comunidade em compensação pelo dano causado pela autovia elevada[30]. Embora essa tenha sido uma vitória importante para os moradores, houve descontentamento entre os ativistas em razão do Fundo ser controlado pelo Conselho de Kensington e Chelsea[31].

North Kensington foi um local-chave na contracultura londrina nos anos 1960 e 1970[32]: seguindo a recuperação do espaço comunitário na Westway nos anos 1960, outras iniciativas aconteceram ali nos anos 1970, como Frestonia ou Meanwhile Gardens – um parque com infraestrutura comunitária próximo à Westway, que foi construído inteiramente pela população local num pedaço de terra abandonado entre os trilhos da ferrovia e o canal[33]. Todos esses são exemplos da cidade anarquista proposta em *The Uses of Disorder*.

No entanto, se North Kensington foi um bom exemplo do *milieu* revolucionário dos anos 1960 e de 1970, devemos notar que também ilustra bem o desenvolvimento paradoxal da cidade neoliberal de hoje. Ele exemplifica como a cidade hipercapitalista conseguiu apropriar-se e mercantilizar muitas das coisas consideradas revolucionárias nos anos 1970.

Por exemplo, em 2015, o Fundo Westway (antigo North Kensington Amenity Trust) lançou um plano comercial, o "Destination Westway" (Destino Westway), em que buscava transformar o espaço gerenciado pelo Fundo num destino varejista de compras, substituindo a tenda de cobertura do Portobello Green Market por um novo edifício. O plano enfrentou forte oposição da comunidade[34], que fez a campanha Westway23 e alegou que os 9,3 hectares sob a via deveriam ser de uso comunitário. O plano de substituir a cobertura foi cancelado, mas a campanha continua.

Conheci os ativistas em novembro de 2016, quando Marco Picardi, liderando uma caminhada organizada pela CivicWise[35], nos levou para conhecer diferentes ativistas e organizações comunitárias ao longo da Westway que compartilharam a história da resistência comunitária na área. Filmei um curto documentário sobre a militância na Westway, no qual o ativista local Toby Laurent Belson, da campanha Westway23, explicou a história da Westway e a campanha atual[36]. Depois disso, a Westway23 e eu colaboramos novamente na coorganização de uma escola de verão para estudantes de planejamento urbano[37].

A Westway23 faz parte de uma série de campanhas locais que contestam muitas das ordens – e a crescente desigualdade – impostas pela cidade neoliberal: enquanto a Westway23 pressiona por um uso comunitário genuíno do espaço sob a Westway, outra campanha próxima reivindicou que sua biblioteca local permanecesse pública, não obstante os planos do Conselho de arrendá-la para uma escola preparatória para filhos de famílias ricas[38]. Outro grupo se opôs à fusão do Further Education College com uma organização maior, pois isso poderia significar o fim desse braço da faculdade[39]. Também tem havido denúncias consistentes sobre a falta de investimento e má gestão da habitação social na área, que foi cruelmente evidenciada pela tragédia do incêndio na vizinha Grenfell Tower, no qual ao menos 72 pessoas faleceram.

Essas campanhas combatem as imposições da cidade neoliberal e marcam posição a favor de futuros alternativos que empoderem as comunidades: elas combatem a austeridade, a má gestão e a falta de investimentos na habitação social, a limpeza social e as formas de decisão tomadas de cima para baixo, que apenas atendem às necessidades dos privilegiados. Elas demandam a preservação dos bens públicos e das instalações educacionais para a comunidade, bem como mais espaços por ela geridos.

A tragédia do incêndio na Grenfell Tower atraiu a atenção para essa área. Em 14 de junho de 2017, a comunidade respondeu solidariamente a esse desastre. Ativistas locais assumiram o controle de um espaço sob a Westway, na Acklam Road, para estocar as doações destinadas às vítimas. Esse espaço, Bay 56, em Acklam Village, tornou-se um espaço comunitário gerido pelos ativistas locais – outro exemplo das formas pelas quais uma comunidade pode fazer uso do espaço para desenvolver atividades e liberar seu potencial criativo[40]. É assim que uma cidade mais desordenada pode parecer?

Se a desordem for definida como um estado instável, porém igualmente poderia ser uma resposta aos sistemas impostos, as estratégias de projeto urbano propostas deveriam contestar essas formas vigentes de ordem imposta – os projetos rígidos que mercantilizam a cultura local produzem

FIG. 3
Playground perto da St. Marks Road sob a Westway, 1968. Foto: Adam Ritchie.

ambientes urbanos alienantes e levam a processos de exclusão social e de deslocamento. Em contraste a essas imposições, projetar a desordem significa projetar intervenções urbanas que sejam flexíveis, adaptáveis e abertas à mudança constante; que encorajem o surgimento de usos informais, espontâneos e não planejados da área pública; que estimulem a expressão cultural; e que criem uma atmosfera de tolerância frente à diferença e ao desconhecido, por meio da construção de locais comuns nos quais as pessoas possam interagir e compartilhar interesses e experiências.

Depois de ler *The Uses of Disorder*, comecei a trabalhar numa forma de passar essas ideias do papel para o plano. Sendo uma pessoa com formação em arquitetura e projeto urbano, eu queria experimentar intervenções de projeto urbano que pudessem criar os tipos de desordem que Richard discutiu em seu livro: um espaço público não regulado em que as pessoas aprendessem como tolerar a diferença, que encorajasse a interação social e o surgimento de atividades não planejadas. Minha abordagem à experimentação com o projeto urbano envolveu desenhar e escrever sobre como o espaço público nos conjuntos habitacionais modernistas poderia ser transformado em espaços para a interação social.

Já de início enfrentei uma contradição: como podemos projetar a desordem se o próprio projeto tende a introduzir mais ordem no espaço urbano? Minha resposta para essa contradição foi começar pela infraestrutura. Tomei a infraestrutura como um ponto de partida, uma vez que ela *cria condições e oferece possibilidades* para a mudança sem ditar o que vai acontecer. Foi assim que vim a propor o termo que dá título a essa parte do livro: "*infraestruturas para a desordem*", que defino como intervenções iniciais que criam condições para o uso não planejado da área pública, que são pontos de partida para um processo contínuo e aberto.

Essas infraestruturas iniciais são criadas para encorajar um sistema aberto e flexível, permitindo ao mesmo tempo que as pessoas usem o espaço de formas imprevisíveis. Assim, o projeto para a área pública será resultado das ações e negociações da comunidade, como sugerido em *The Uses of Disorder*[41]. Essas negociações podem causar discussão, disputas e, possivelmente, alguns conflitos, mas isso pode ser interpretado positivamente, pois aqueles que usam o espaço estariam gerando interação social e formas inovadoras de vida comunitária.

Minha proposta não é apenas projetar a infraestrutura técnica – mas defendo que ela seja interdependente e estreitamente conectada com a infraestrutura social e cultural de um lugar. Qualquer intervenção precisa levar em conta essa relação. Intervir na infraestrutura urbana – em seus equipamentos subterrâneos, no conjunto de elementos materiais no espaço urbano, na infraestrutura social ou no processo de negociação de um espaço compartilhado e de convivência – supõe olhar atentamente para a variedade de relações no domínio público. Amin e Thrift defendem essa abordagem de olhar para a cidade de "dentro para fora" em vez de "fora para dentro", "porque as cidades funcionam a partir da base"[42]; eles propõem que a infraestrutura possa ser um "foco de ação política"[43].

As páginas seguintes analisam intervenções na infraestrutura física e social por meio de ilustrações e de quatro capítulos: "abaixo", "acima", "desordem na seção vertical" e "processo e fluxo". O capítulo "abaixo" explora como criar condições – por meio de intervenções na infraestrutura – para abrir ambientes urbanos excessivamente determinados e desencadear novas relações entre as pessoas e o ambiente construído. Uma vez que a infraestrutura é tanto física quanto social, os três capítulos seguintes abordam essas duas dimensões. "Acima" e "desordem na seção vertical" exploram quais formas essas infraestruturas assumem no nível do solo e acima do nível do solo. "Processo e fluxo" explora a dimensão social dessas infraestruturas e aborda o desafio de projetar ambientes com algum grau de indeterminação. As ilustrações que acompanham esse texto fornecem um conjunto imaginário de cenários das formas que essas infraestruturas podem adotar, como podem crescer e evoluir e como as pessoas podem interagir com elas. Elas imaginam como *The Uses of Disorder* pode parecer no plano.

4 Abaixo

Infraestrutura pode significar coisas muito distintas, a depender de quem esteja falando. A arquitetura, a engenharia civil, o planejamento urbano, a economia política e a geografia, todos interpretam o termo diferentemente. Para nós, a infraestrutura envolve a totalidade dos elementos materiais na cidade e seus espaços públicos – o pavimento; o solo; as tubulações; os circuitos e a rede de esgoto subterrâneos; as estruturas e construções; o mobiliário urbano; a vegetação; os espaços lúdicos e outros adereços – que criam condições e oferecem possibilidades. Por exemplo, a disponibilidade de um equipamento audiovisual e de uma tela em um espaço público gerido pela comunidade permite a improvisação de um cinema ao ar livre nas noites de verão. O acesso à água corrente e a utensílios de cozinha pode viabilizar uma cozinha comunitária. Esses elementos materiais não são objetos inertes[1] – eles são ligados a formas de gestão e governança, a costumes e acordos particulares, a ações coletivas, a reuniões sociais, a memórias e identidades. Eles são intervenções de projeto que impactam tanto as estruturas físicas quanto as estruturas sociais da cidade. Isso requer olhar atentamente as relações entre o construído e o social no domínio público em todos os níveis.

As intervenções de projeto propostas "abaixo" são um ponto de partida para transformar a infraestrutura e os espaços públicos que funcionam como sistemas fechados em sistemas abertos[2]. Em uma cidade que funciona como um sistema fechado, a forma e a função são predeterminadas e não têm a capacidade de evoluir e se adaptar a novas situações. Em contraste, uma cidade que opera como um sistema aberto está em "evolução instável"[3] e muda continuamente sua forma e funções em resposta às diferentes circunstâncias.

Uma cidade que funciona como um sistema fechado não pode facilmente se transformar em um sistema aberto. Ela necessita de intervenções que transformem seus espaços em um sistema flexível que possa ser ocupado livremente por diferentes atividades. Essas partes infraestruturais funcionam em conjunto, não como elementos isolados ou como uma intervenção global. Elas constituem a soma de intervenções que interagem e fazem parte de um sistema maior que segue mudando com novas adições e interações. Se a infraestrutura urbana é entendida como a soma de partes estruturais, a cidade aberta permite adições, atualizações e transformações em resposta às necessidades das pessoas, facilitando situações urbanas diversas e estimulando atividades espontâneas e encontros sociais.

Quando a infraestrutura se torna um sistema aberto, ao qual é possível incorporar acréscimos, ela pode ser partilhada e gerida coletivamente e permite que as pessoas ajam para mudar seu ambiente. A infraestrutura torna-se um lugar para a "ação política"[4], a partir do qual ordens impostas podem ser contestadas e outras formas de convivência propostas.

A INFRAESTRUTURA É UMA ASSEMBLAGEM

A infraestrutura não funciona como um todo fixo e estável, mas como a soma de muitas peças que podem ser substituídas, adaptadas e melhoradas, o que permite reparo e manutenção contínuos[5]. Esse "regime associativo"[6] de partes da infraestrutura pode ser explicado por meio da ideia de *assemblage*, uma ferramenta conceitual que urbanistas críticos usam para entender as relações e interações na cidade.

O termo "assemblagem" foi usado pela primeira vez nas artes em 1953 por Jean Dubuffet para descrever uma "forma de arte na qual materiais naturais e manufaturados, tradicionalmente não artísticos, e *objets trouvés* são montados em estruturas tridimensionais"[7]. Esse termo deu título a uma exposição no MoMA em Nova York, em 1961[8], que incluía obras de Marcel Duchamp, Man Ray e Pablo Picasso. Na arte, uma assemblagem é caracterizada "tanto pelos materiais usados quanto pela forma como são tratados"[9].

O uso da assemblagem na arte é similar a seu uso na teoria urbana crítica. A assemblagem é uma "simbiose", em que elementos diferentes funcionam juntos em vez de individualmente[10]. O termo, que foi desenvolvido pelos filósofos franceses Gilles Deleuze e Félix Guattari em *Mille plateaux* (Mil Platôs)[11], tem sido usado pelos urbanistas para examinar as relações entre diferentes atores no espaço urbano: pessoas, objetos materiais, formas de governança. Assim como a abordagem à infraestrutura urbana aqui proposta, a assemblagem foca a interação entre os diferentes elementos em vez de o todo. Ela explora os processos e como múltiplas possibilidades podem emergir no espaço urbano[12].

Colin McFarlane expõe três usos da teoria da assemblagem no urbanismo crítico[13]. Em primeiro lugar, a assemblagem pode ser usada para entender "o real e o possível"[14] – para descrever as relações de poder existentes e explorar a capacidade de novas conexões e relações, a fim de desafiá-las. Em segundo lugar, ela pode explicar a interação entre os atores sociais e materiais. Em terceiro, ele afirma que a assemblagem pode oferecer um "imaginário de cosmopolitismo"[15] – a forma como a diferença é encontrada, gerida ou negociada[16].

Essas definições e usos da assemblagem têm ligação com o tipo de infraestrutura proposto aqui, voltado para a associação de elementos diferentes e para as múltiplas possibilidades funcionais que podem surgir dessas interações. Da mesma forma, considera o potencial de novas conexões para perturbar as ordens impostas, explorando a relação entre as infraestruturas físicas e sociais, e dota a infraestrutura urbana de capacidade para negociar a diferença e lidar com situações inesperadas.

Há também ligações entre a assemblagem e a desordem. Richard Sennett propôs ambientes urbanos nos quais as pessoas aprendem a lidar com a diferença e a incerteza, nos quais as funções não são fixas e podem encorajar atividades múltiplas, não planejadas e espontâneas no domínio público. Essa relação entre a noção de desordem de Richard e a concepção da assemblagem pode ser explicada por meio de três ferramentas conceituais, que são capazes de ajudar a projetar uma infraestrutura formal que catalise resultados informais: a simbiose sociomaterial, a incerteza e a forma incompleta[17].

Em *The Uses of Disorder*, Richard mostra que as pessoas, por meio da experiência da diversidade, podem se tornar mais preparadas para encontrar estranhos e situações inesperadas. Em seu trabalho posterior intitulado *The Conscience of the Eye* (A Consciência do Olho), seu pensamento se desenvolve e explora a influência dos elementos materiais do espaço público na percepção que as pessoas têm umas das outras. Ele explica que "há uma consciência dos objetos materiais que pode ressoar na consciência que as pessoas têm umas das outras nas cidades"[18]. Esse papel ativo dos elementos materiais na negociação da diferença e dos encontros também está presente no debate da assemblagem como um dos pontos de McFarlane. É uma "simbiose" sociomaterial entre a infraestrutura física e a social, que pode produzir um ambiente em que as pessoas vivam confortavelmente com a presença da diferença e de situações inesperadas. Na hora de projetar a infraestrutura, precisamos considerar como a infraestrutura física será agregada às pessoas, aos sistemas de governança, às formas de reunião, aos encontros e às atividades múltiplas.

Ademais, ordem em demasia nas cidades trava a espontaneidade e a improvisação[19]. Esse debate sobre a ambiguidade *versus* a definição[20] também está presente na discussão da assemblagem e é fundamental para projetar infraestruturas que possam encorajar usos inesperados do espaço público. A ideia de assemblagem, em vez de atribuir uma função fixa a cada elemento urbano, confere a eles capacidades funcionais, que são possibilidades diferentes de cofuncionamento que dependerão da interação que eles mantêm com outros componentes da assemblagem[21]. McFarlane explica que a assemblagem conota "a indeterminação, o surgimento, o vir a ser, a turbulência e a sociomaterialidade do fenômeno"[22].

É essa natureza incerta da assemblagem, em que as funções e interações não são predeterminadas, que Richard propôs para as cidades: "quando o uso predeterminado por meio do zoneamento é eliminado, o caráter de um bairro dependerá das alianças e dos vínculos específicos das pessoas dentro dele"[23]. Em seu trabalho recente, Richard sugere conceber esses espaços incertos, com função não predeterminada e que permitam possibilidades múltiplas e inesperadas, por meio da construção do domínio público como um sistema aberto[24]. Ele propõe a exploração de tecnologias construtivas que possibilitem adições e adaptações. Em complemento a isso, esse capítulo propõe tecnologias que podem construir infraestrutura como um sistema aberto.

Finalmente, em *Building and Dwelling* (Construir e Habitar), uma das "cinco formas abertas"[25] que Richard propõe é a forma incompleta. Essa ideia de deixar o espaço público inacabado, que ele desenvolveu tanto em ensaios recentes quanto nesse livro, pode ser entendida como um processo de assemblagem[26]. Quando o projeto do domínio público deixa certas partes inacabadas, ele pode mudar ou se adaptar, e novas peças podem ser reunidas em resposta à interação das pessoas com o ambiente construído e às diversas atividades que nele ocorrem. Deleuze entendeu os pontos soltos como oportunidades para "a criatividade, a mudança e a resistência"[27]. Stephen Graham e Nigel Thrift também explicam que são as desconexões e as falhas que fazem com que a infraestrutura seja atualizada. Eles usam o exemplo de colapsos infraestruturais que levam a melhoramentos e inovação, ou sistemas de tecnologia da informação que estão sob atualização contínua[28]. Projetar a infraestrutura com esse caráter inacabado, em que peças diferentes podem ser agrupadas e desagrupadas, é fundamental para a construção do espaço público como um sistema aberto e permite o surgimento de atividades imprevisíveis.

A INFRAESTRUTURA É UM SISTEMA ABERTO

Quando a infraestrutura funciona como um sistema aberto que pode evoluir organicamente, ela é capaz de trazer à tona muitos dos usos positivos da desordem: espaços urbanos sem funções predeterminadas, nos quais podem surgir atividades imprevisíveis e não planejadas, em que as pessoas aprendem como lidar com a diferença, com situações desconhecidas e inesperadas; lugares que podem se adaptar conforme as interações e as atividades que ocorrem no domínio público[29].

A noção de construir a infraestrutura como um sistema aberto ainda permanece abstrata. O pensamento da assemblagem ajuda a entender que esses usos da desordem podem ser alcançados observando as conexões sociomateriais, projetando elementos urbanos sem funções predeterminadas e construindo uma infraestrutura inacabada. Com base nisso, quais são as características materiais que a infraestrutura deve ter para funcionar como um sistema aberto?

Mais importante ainda, a questão não é apenas sobre como construir infraestruturas que funcionem como um sistema aberto, mas como transformar um sistema fechado em um sistema aberto. Um sistema fechado não tem a capacidade de crescer, mudar ou evoluir. As infraestruturas funcionam como sistemas fechados quando não permitem a adição de novas peças, atualizações progressivas e quando não têm capacidade de adaptação. Da mesma forma, um ambiente urbano funciona como um sistema fechado quando ele é rígido e não permite um desenvolvimento orgânico. O excesso de determinação de funções reduz a complexidade de um lugar e diminui a probabilidade de ocorrerem atividades não planejadas e situações imprevisíveis.

As "infraestruturas para a desordem" têm como objetivo abrir um sistema fechado. A maioria das intervenções urbanas não é constituída de projetos que partem de uma tela em branco; baseia-se em condições urbanas e sociais existentes. A questão aqui não é construir uma infraestrutura completamente nova que negue a existente, mas sim examinar estratégias e processos para transformar o sistema existente.

Em muitas ocasiões, as críticas que acusam o modernismo de criar ambientes alienantes serviram apenas para justificar a agenda de autoridades locais, de demolir um conjunto habitacional modernista e construir um novo empreendimento no seu lugar. Esse é o caso do Heygate Estate, em Elephant and Castle, região sul de Londres, onde o discurso que culpava a arquitetura modernista de crime e pobreza resultou na demolição de mais de mil moradias. A substituição dos conjuntos modernistas por novos empreendimentos inclui outra ordem imposta de projeto e, em casos como o de Heygate Estate, o deslocamento de moradores, a substituição de uma população de baixa renda por uma de classe média-alta e um desmantelamento do tecido social. O resultado dessa revitalização é um sistema fechado.

Transformar um sistema fechado em um sistema aberto parece desafiador, mas há processos que podem converter algumas das enormes estruturas modernistas e empreendimentos monofuncionais (autovias, infraestruturas, muros, torres de apartamentos, grandes conjuntos habitacionais, espaços vazios) em lugares que encorajam atividades não planejadas, permitem adaptação constante e geram uma atmosfera de tolerância à diferença. Richard explica que "mesmo uma massa sólida, de material aparentemente resistente a qualquer mudança, pode se tornar permeável em um sentido social"[30]. Essas transformações não requerem a demolição dos elementos urbanos existentes, podem ser conseguidas apenas por meio de sua reorganização e da adição de elementos novos que possam gerar maiores possibilidades de interação. Tais estratégias visam quebrar a rigidez de um sistema fechado.

Para abrir o sistema, é necessário entender como as camadas de infraestrutura propostas podem se conectar com o sistema existente e nele introduzir disrupções, estabelecendo novos padrões e permitindo o desenvolvimento. Qual é a relação entre a rede municipal e as peças infraestruturais coletivas propostas?

Em 2017, a prefeita de Barcelona, em sua luta contra a pobreza de combustível, criou uma companhia municipal de energia: a Barcelona Energia[31]. A companhia, além de enfrentar a pobreza de combustível, é alimentada por energia verde e um dos seus programas envolve indivíduos e coletivos na produção de energia. Seu plano para promover a produção de energia solar define quatro tipos diferentes de parceria, combinando as possibilidades de investimento público ou privado na infraestrutura e instalando painéis no topo de edifícios públicos ou privados[32].

Ao mesmo tempo, esses quatro tipos de associação abrem inúmeras possibilidades, uma vez que os atores ou os espaços "privados" também podem ser coletivos. Embora haja muitos tipos de associação, existem apenas duas opções sobre o que fazer com a energia. A primeira é o consumo próprio – tanto para uso individual, coletivo ou público – e a segunda opção é "vender" a energia de volta para a rede, para a companhia municipal de energia ou para uma empresa privada.

Em um sistema no qual cada instalação coletiva de infraestrutura está conectada em um ponto com a rede municipal e vende para ela seu excedente de energia, essa relação funciona como um sistema aberto ou fechado?

Por um lado, estratégias como a que foi proposta pela prefeita de Barcelona funcionam como um sistema aberto, uma vez que estão propondo uma forma distribuída[33] e coletiva de produção de energia. O programa explica que o autoconsumo deve ser uma "ação coletiva" para a cidade gerar sua própria energia a partir de fontes renováveis. Cada indivíduo ou comunidade pode gerar energia para consumo próprio. Quando o excedente de energia retorna para a rede, se for vendido para a companhia municipal, pode ser usado para prover energia e iluminar espaços e edifícios públicos e para combater a pobreza de combustível. A municipalidade assume o papel de redistribuidora de riqueza e de recursos e engaja os moradores na produção de energia.

No entanto, esse sistema ainda não funciona como a "cidade anárquica"[34]. Há uma certa hierarquia na qual a troca com comunidades diferentes tem que passar pela rede. Ao abrir o sistema, é preciso examinar outras formas de permuta que não necessariamente tenham que passar pela rede municipal. Ambos os tipos de troca (por meio da rede municipal e independente dela) não são incompatíveis. O fato de que a infraestrutura coletiva esteja ligada à rede municipal não a transforma em um sistema fechado. Existem possibilidades para manter as relações de troca com a rede municipal e permitir outros tipos de permuta entre peças de infraestrutura coletiva. Um sistema aberto pode emergir da conexão com uma rede existente que pode ter funcionado como um sistema fechado, e então se tornado aberto.

Aceitar a estrutura hierárquica de uma infraestrutura coletiva conectada à rede municipal não elimina outras possibilidades de troca. Há oportunidades para aberturas e permutas múltiplas que podem acontecer na microescala. A assemblagem examina essas conexões na microescala e a interação entre maneiras formais e informais de governança. Na infraestrutura aqui proposta, um sistema formal que garante igualdade e distribuição da riqueza pode ser combinado com outros sistemas informais que permitem trocas contínuas e fluidas. Isso significa que um sistema infraestrutural, como uma companhia de energia de posse comunitária, também permitiria uma troca da energia excedente por outros bens ou recursos com outros coletivos ou indivíduos, sem necessariamente passar pela rede municipal.

■ ■

Mas que forma assumirão? Philip Ball, em seu livro *Branches* (Ramificações), expõe a modelação de sistemas instáveis. Ele explica a transição de um sistema em equilíbrio para um sistema em desequilíbrio como o processo de "quebra de simetria". Ele explicita que isso não acontece de uma vez, mas "em etapas, um pouco de cada vez"[35]. Por meio desse processo de quebra de simetria, o sistema aumenta a sua complexidade[36].

As intervenções na infraestrutura propostas aqui seguem a mesma lógica. Elas são processos graduais, passo a passo, para transformar uma infraestrutura de sistema fechado em uma de sistema aberto. Cada etapa do processo explicado abaixo envolve a introdução de disrupções na infraestrutura, o que lhe adiciona complexidade. Como esse processo começa?

O primeiro passo no processo de abertura da infraestrutura é uma combinação de remontagem de seus componentes e a introdução de disrupções que desencadeiam novas relações. A "remontagem" é "a capacidade do projetista urbano de identificar processos emergentes ainda latentes no domínio público e produzir formas novas e inovadoras de rearranjar as coisas, de modo que esses processos possam ser fortalecidos e novas associações e possibilidades tenham lugar[37].

Stephen Graham e Nigel Thrift veem as "falhas" na infraestrutura como uma oportunidade para aprender, adaptar e aprimorar. Na maior parte do tempo, as infraestruturas estão em uma "caixa preta" enterrada no subsolo, numa rede invisível e complexa de canos, circuitos, redes de esgoto, cabos de fibra óptica e outras instalações subterrâneas, e só são notadas quando algo para de funcionar[38]. Quando trabalham para as agências públicas, os arquitetos, planejadores e engenheiros recebem um desenho com muitas camadas, linhas e símbolos. É um mapa enigmático, geralmente confidencial, que apenas alguns especialistas são capazes de entender. Há uma clara divisão física, bem como uma barreira intelectual, entre o que está escondido e o domínio acima do solo. Urbanistas radicais como o sociólogo Fernando Dominguez Rubio e o arquiteto Uriel Fogué propõem "desfazer" essa separação ao "tecnicizar o espaço público" e "publicizar a infraestrutura"[39].

Por meio de uma proposta de intervenção (não construída) na Plaza del General Vara de Rey, em Madri, pelo escritório de arquitetura Elii, de Uriel Fogué, eles explicam como a infraestrutura pode ser feita visível e se tornar um ator político. O projeto do Elii para a praça visava "reintegrar na vida pública diferentes processos infraestruturais como a produção de energia e a coleta de água, mantendo a usabilidade da praça para os humanos"[40]. Para fazê-lo, eles examinaram cuidadosamente a interação entre a infraestrutura, a natureza e as pessoas.

Ao buscar "tirar da caixa preta"[41] a infraestrutura por meio do projeto arquitetônico, estou propondo um processo que explore ainda mais como as "disrupções" de infraestrutura podem trazer negociação, interação e diversos tipos de envolvimento com o ambiente construído. Ao propor "disrupções" na infraestrutura, não pretendo parar seu funcionamento; em vez disso, defendo a introdução de novos elementos que façam as pessoas notarem a infraestrutura e nela se envolverem, despertando a consciência coletiva para a produção e o consumo de recursos.

A infraestrutura e os recursos urbanos são atualmente distribuídos principalmente por meio de instalações subterrâneas, pertencentes tanto a empresas públicas quanto privadas e por elas geridas. Essas redes, em uma escala municipal, atingem as comunidades e os indivíduos por meio de uma ligação, que conecta a rede municipal à comunidade ou aos "consumidores" individuais. Para os indivíduos conectados à ligação da rede municipal, há um leitor que exibe informação sobre o consumo de água ou eletricidade. No nível comunitário, recursos como água e eletricidade são usados para iluminar as escadas, as áreas comuns, os elevadores e espaços semelhantes nas instalações comunitárias. O único envolvimento que as pessoas têm com essa infraestrutura é sua parcela da fatura comunitária no seu relatório anual da taxa de serviço comunitário.

Esse uso da infraestrutura, tanto no nível individual quanto no comunitário, implica muito pouca negociação, consciência coletiva e envolvimento com a infraestrutura. Pelo contrário, em situações de escassez, quando a infraestrutura está sujeita a interrupções no serviço[42], certas negociações podem surgir, como a repartição ou a troca de recursos, e as pessoas têm um maior envolvimento com ela.

Minha proposta é pensar em maneiras de rearranjar a infraestrutura e introduzir novos componentes que possam trazer maior consciência coletiva de como a cidade funciona.

Esses componentes devem ser recursos comunitários ou públicos que vão além da iluminação do espaço comum ou da alimentação de um elevador. Os novos elementos podem ser de dois tipos. O primeiro envolve pontos de acesso à infraestrutura no âmbito público, como o acesso à água potável para o funcionamento de atividades como uma cozinha comunitária; água não potável para limpeza após atividades; ou fornecedores de energia para o desenvolvimento de iniciativas diversas. Esses acréscimos infraestruturais proporcionam o acesso à infraestrutura compartilhada e a recursos gerados coletivamente, e possibilitam tornar transparente a negociação de protocolos, acordos e condições de uso dos recursos comuns, que podem ser finitos e dependentes da capacidade da comunidade em gerá-los.

O segundo tipo de acréscimos infraestruturais são captações de recursos geridos coletivamente. Esses podem ser painéis solares pertencentes à comunidade; infraestrutura que coleta, purifica e armazena água de chuva para utilização como água não potável; e outras inovações dependentes das condições climáticas e da localização. Tais acréscimos também podem trazer consciência coletiva, já que a comunidade é capaz de gerar recursos e decidir como usá-los.

Além disso, essas "disrupções" iniciais propiciam novas interações entre as pessoas e a infraestrutura. Uma vez que são o início do processo de rearranjo, é necessário entender as dinâmicas existentes numa área urbana, ou seja, que recursos, espaços e instalações são compartilhados e se já existem alguns acordos em vigor. A partir daí, podem ser propostos novos envolvimentos coletivos com a infraestrutura. E finalmente, assim que essas "disrupções" forem testadas, novas interações surgirem e os elementos adicionados conseguirem abrir o sistema infraestrutural fechado, é importante questionar: quais são os próximos passos da comunidade para construir um sistema infraestrutural aberto que possa ser continuamente adaptado?

É possível que as primeiras disrupções causem alguns conflitos. Eles podem incluir discussões sobre como utilizar os recursos – por exemplo, se a energia gerada por meio de painéis solares deve ser usada para autoconsumo ou vendida de volta à rede; quem pode e quem não pode usar a eletricidade; se o recurso é gratuito ou deve ser pago de alguma forma. Essas discussões sobre os novos elementos infraestruturais ajudarão as pessoas a desenvolverem o que Richard chama de uma "identidade adulta", em que as pessoas aprendem a negociar e enfrentar o conflito, o que aumentará a interação social. O próximo passo do processo será partir desses elementos iniciais para a construção de um sistema aberto, que rompa essa separação entre o subterrâneo e a superfície do solo[43].

As obras de infraestrutura das galerias Hausmann, em Paris, tinham como intuito sanear a cidade, alocando a rede de esgotos e outras infraestruturas em grandes galerias subterrâneas[44]. Atualmente, os projetos de regeneração mais avançados também usam uma versão evoluída das galerias infraestruturais da Hausmann. O projeto 22@, em Barcelona, um processo de regeneração que está transformando uma área industrial no Eixample em um "distrito de inovação"[45], construiu uma rede sofisticada e bem equipada de galerias subterrâneas de infraestrutura. O distrito 22@ está localizado no nordeste da Cidade Velha de Barcelona, entre a Vila Olímpica e a Plaça de les Glòries. Após o processo de desindustrialização, um projeto de regeneração foi proposto na virada do século XXI. Uma vez que as quadras do distrito 22@ seguem a grelha ortogonal de Cerdà, isso permitiu a racionalização da infraestrutura e a construção de uma grelha ortogonal paralela de galerias subterrâneas.

Essas galerias são acessíveis a partir do subsolo das quadras e permitem adaptar, reparar, melhorar e acrescentar novos tipos de infraestrutura sem a necessidade de abrir novos buracos no solo. Embora esse sistema possa, aparentemente, ser visto como aberto porque permite adaptação e acesso coletivo, ele ainda opera, em certa medida, como um sistema fechado. Primeiro, ao implementar esse sistema infraestrutural em um lugar no qual as pessoas já vivem, é necessário abrir uma grande vala no solo. Depois, ele mantém uma separação entre a superfície e o subsolo, já que os pontos de acesso ainda são reservados para os especialistas.

A alternativa a isso é o *piso técnico*. Em um projeto de escritório de plano livre, os pisos técnicos permitem acesso, a cada mesa e lugar, de instalações de eletricidade, de ethernet e de conexões de telefone. Suas placas modulares, facilmente removidas e substituídas, oferecem flexibilidade de adaptação, adicionando uma nova mesa ou uma sala de reunião, ou implementando qualquer atualização tecnológica. Quando aplicamos o conceito do piso técnico ao domínio público, a infraestrutura compartilhada não precisa mais correr subterrânea. Em vez de estar enterrada, ela pode estar em um vão entre o piso existente e o piso técnico.

Esse sistema pode funcionar como um tapete – ou uma camada adicional no piso – equipado com infraestrutura; isso funciona como um sistema aberto no qual as pessoas podem interagir com a infraestrutura, e o subsolo é democratizado e aberto a não especialistas. Um piso modular, no qual as placas podem ser removidas com uma chave, substituídas e remontadas com outros elementos, permite adaptação constante. O uso de uma grelha com medidas construtivas padronizadas (tal como 600x600mm) pode ajudar a construir esse sistema modular.

A divisão entre o subsolo e a superfície não existe mais; o acesso à infraestrutura se dá a partir de qualquer ponto e permite o crescimento em qualquer direção e com novas ramificações. As tubulações podem ter pontos de registro acessíveis ao se remover uma das placas do piso. No caso de tubulações com circuitos elétricos, esses pontos de registro possibilitam a adição de mais circuitos e de painéis de distribuição, bem como a ampliação da infraestrutura quando necessário. Esse sistema modular e a interface entre o subsolo e a superfície permite tantos pontos de acesso aos terminais de abastecimento quantos forem necessários.

O sistema também possibilita a distribuição dos recursos gerados, desde o local em que são gerados até onde são estocados ou devolvidos à rede e até onde são consumidos. Finalmente, um dos pontos mais importantes é que todos esses fluxos e circuitos podem estar visíveis na superfície, o que cria uma consciência da infraestrutura e das múltiplas possibilidades que ela traz. Um código de cores ou o uso de materiais diferentes, símbolos ou variações no desenho das placas de piso podem indicar o que se passa no subsolo, onde a infraestrutura pode ser acessada ou modificada.

Para um entendimento melhor desse sistema aberto de infraestrutura, explicarei alguns de seus elementos: terminais, captação de recursos e novas conexões.

Um dos pontos visíveis nesse tapete infraestrutural são os terminais: acesso ao fornecimento de energia, à água potável e não potável e aos dados. Esses terminais são pontos aos quais as pessoas podem se conectar para realizar atividades que vão desde festivais, iniciativas de rua e reuniões sociais até uma cozinha comunitária, oficinas ou bancas de mercado.

Muitas iniciativas de bairro lutam para encontrar espaço, digamos, para um cineclube, aulas de culinária ou reuniões. Essas atividades são, com frequência, espremidas em algum espaço pequeno em um salão comunitário, que agora está ficando raro. Também pode ser difícil encontrar lugares com acesso à água potável, fornecimento de energia para grandes equipamentos ou ventilação adequada para realizar certas atividades. Em um espaço público equipado com um tapete infraestrutural, as atividades desenvolvidas como um pequeno clube, em um espaço escondido, podem saltar para a dimensão pública e tornarem-se atividades abertas.

O tapete infraestrutural e seus terminais funcionam da mesma forma imaginada na Plug-in City, do Archigram[46]. Um invólucro infraestrutural é construído, e então atividades diferentes podem ser conectadas e desconectadas dele. O *projeto para a desordem* aqui consiste em decidir que lugares têm maior concentração de infraestrutura no início do processo. Haverá maior possibilidade de ocorrência de atividades em tais lugares e, por conseguinte, eles precisarão de uma concentração mais densa de infraestrutura adicional.

Se os terminais são um dos pontos visíveis do tapete infraestrutural, como eles se apresentam? Eles podem emergir da superfície como peças de revestimento de cor e textura diferentes e com símbolos que indiquem que serviço fornecem. Os enigmáticos mapas de infraestrutura que as autoridades locais fornecem aos profissionais que realizam trabalhos de engenharia ou de projeto urbano são então transformados em sinais democratizados no pavimento, que todos podem ler. Cada um dos pontos de acesso é equipado com tecnologia que permite gerir seu consumo. Seu funcionamento é semelhante ao de qualquer sistema público de aluguel de bicicletas, que tem uma forma de gerenciar seu uso liberando a bicicleta do seu suporte. Da mesma forma, cada terminal tem a possibilidade de liberar uma certa quantidade de quilowatts por hora ou de vazão de água para uma determinada atividade.

Uma infraestrutura compartilhada pode trazer uma conscientização dos recursos que as pessoas usam coletiva ou individualmente. Essa infraestrutura compartilhada, em acréscimo aos pontos de consumo disponíveis publicamente, deve também enfatizar a produção coletiva de recursos. Quando a energia ou outros recursos naturais são gerados por uma grande corporação ou por uma habitação individual, isso implica pouca negociação e interação social entre as pessoas. Quando os indivíduos geram energia, seja para autoconsumo ou para devolver à rede, isso impacta a conta de energia e cria uma conscientização de seu nível de consumo. No entanto, quando coletivos geram energia ou recursos, como a água da chuva, o envolvimento com a infraestrutura vai além e traz interação social, negociação e a necessidade de tomar decisões sobre como gerir esses recursos.

Quando as pessoas não estão envolvidas na produção da infraestrutura e dependem de grandes organizações para o fornecimento, elas estão consumindo recursos por meio de um sistema de fácil utilização[47]. Um dos principais problemas desse sistema é o fato de os consumidores não estarem cientes dos custos, das implicações e das origens desses recursos. Ao ligar o aquecedor elétrico, uma pessoa pode não saber que o fornecimento de eletricidade vem de uma mina de carvão a céu aberto na Colômbia, e que a extração pode ter causado o deslocamento de várias comunidades ou efeitos negativos de saúde para a população da região[48]. Esse é um dos principais problemas da confortável infraestrutura "caixa preta" – temos pouco controle sobre a origem dos recursos.

Ao se envolver na produção de recursos, o coletivo ganha independência das grandes corporações e controle sobre a origem desses recursos[49] e, ademais, apoia formas de autogestão que aumentam a consciência do grupo. Essas formas cooperativas de produção de recursos também dependem principalmente de fontes renováveis. Há diversas formas de gerar recursos em áreas urbanas, dependendo das condições climáticas, da presença de água próxima e outros fatores contextuais. Duas fontes renováveis são a captação de água da chuva e a geração de energia por meio de painéis solares fotovoltaicos.

Em áreas urbanas, a água da chuva pode ser coletada das coberturas, ruas e espaços públicos. Essa água coletada pode ser transportada para uma estação de depuração no bairro, que irá purificar e armazenar a água para a distribuição local como água não potável. Um dos principais problemas aqui é a poluição, uma vez que a água da chuva carrega a sujeira das superfícies, tornando a depuração difícil. Isso pode ser resolvido incorporando um sistema de drenagem que transporta e filtra a água da chuva por meio de uma pequena zona úmida com vegetação até o seu armazenamento na instalação de depuração. Esse sistema, conhecido como sistema de drenagem urbana sustentável (*sustainable urban drainage system* – SUDS), está se tornando popular como uma forma de tornar os espaços urbanos mais permeáveis, o que melhora a biodiversidade nas cidades[50]. O sistema modular permite pequenas zonas úmidas em vãos no "tapete infraestrutural"; eles transportam e filtram a água para um tanque, no qual a água é armazenada, purificada e distribuída localmente.

A geração de energia solar pela implantação de painéis fotovoltaicos em coberturas e espaços públicos já está trazendo formas alternativas de produção de energia que independem de grandes empresas. No exemplo da Barcelona Energia, coletividades ou indivíduos podem estabelecer parcerias com a municipalidade para produzir energia solar por meio da instalação de painéis em coberturas e espaços abertos de edifícios privados, coletivos ou públicos[51]. Essa energia gerada pode ser utilizada para autoconsumo e/ou ser retornada à rede, contribuindo para a produção municipal de energia renovável. O programa apresenta diferentes formas de parceria entre indivíduos, coletividades e a administração pública, que podem construir diversas formas de associação para a produção de energia.

Em iniciativas como a da Barcelona Energia, a oportunidade para os coletivos se envolverem na produção de energia corrobora o tipo de infraestrutura coletiva proposta aqui. Também suscita muitas questões sobre como gerir os recursos produzidos coletivamente: se a energia é retornada à rede na íntegra ou se ela é usada primeiro para autoconsumo e o excedente devolvido, ou outros modelos de gestão que incluem mais variáveis.

Finalmente, o sistema proposto tem a capacidade de desenvolver e agregar novos elementos, já que cada passo na abertura do sistema de infraestrutura alimenta a possibilidade de crescimento horizontal e vertical. Na dimensão horizontal, esse crescimento ocorre por meio da exposta introdução de disrupções e do rearranjo e da montagem de uma camada infraestrutural coletiva. Para abrir as conexões na dimensão vertical, algumas das placas modulares do pavimento poderiam ter a capacidade de conectar-se a estruturas e construções acima do solo. Essas placas conectivas são fundações – literalmente – para um sistema aberto.

Essa transformação total da infraestrutura oferece uma ideia de um espaço desregulado, no qual têm lugar atividades não planejadas e eventos, e em que as pessoas constroem uma identidade adulta no encontro com a diferença, no enfrentamento de situações inesperadas e na necessidade de ter que negociar e chegar a um acordo com outros. No entanto, o foco nas características físicas da infraestrutura deixa algumas lacunas na relação entre os aspectos físicos e sociais da cidade, necessários para alcançar esses resultados, e levanta questões sobre como essa infraestrutura coletiva é gerida.

5 Acima

Ao projetar a infraestrutura como um sistema aberto, o que ocorre acima do solo?

Ao olhar para a Gillett Square, em Dalston, na região leste de Londres, a primeira coisa que vemos é a superfície de granito que desenha o piso da praça. As peças de granito criam um certo padrão no pavimento pela disposição de peças de maior dimensão, com elementos de iluminação embutidos entre elas, faixas metálicas antiderrapantes e uma plataforma de madeira com árvores, que podem funcionar como espaço de estar ou como um palco. Essas características físicas são apenas um dos muitos elementos que formam a "superfície urbana"[1].

O desenho do pavimento da Gillett Square não é particularmente singular. O que torna essa praça especial é a interação entre essa superfície e outros objetos, equipamentos, processos, formas de gestão e atividades na praça. Isso inclui o fornecimento de quiosques e espaços de trabalho a preço acessível – que acolhem negócios e empreendedores de minorias étnicas[2] –, a Dalston Culture House e o Vortex Jazz Club, que atraem um público diversificado. Além disso, há bancos de madeira, nos quais as pessoas podem se sentar e passar o tempo, bem como contêineres para guardar equipamentos para brincadeiras infantis, mesa de pingue-pongue, equipamento audiovisual e outras estruturas e elementos que podem ser arranjados na praça para múltiplas atividades[3]. Voluntários tiram e colocam esses elementos nos contêineres, o que permite que diversas atividades – programadas e espontâneas – ali tenham lugar: cinema ao ar livre, atividades lúdicas, feiras, andar de *skate*, celebrações e confraternizações.

FIG. 4

Gillett Square, Dalston, Londres. A praça é uma assemblagem de atividades diferentes, algumas fixas e outras temporárias, algumas planejadas e outras espontâneas. Junho de 2013.

Isso mostra que o projeto urbano formal e a gestão dessa praça interagem com as atividades informais que acontecem espontaneamente no espaço. Porém, para encorajar essas interações é necessário construir a rua como uma plataforma que viabilize e estimule as pessoas a pensarem em diferentes maneiras de usar o espaço público.

Entender a superfície urbana como uma assemblagem significa que o foco não pode estar apenas no projeto de seus componentes separados; precisamos dar especial atenção às interrelações entre os diferentes elementos e ao modo em que interagem com a dimensão social. A importância não está no piso de granito ou nos quiosques, mas na interação desses elementos com a gestão da praça. Além disso, devemos examinar como esses elementos se relacionam com os pequenos comércios que ocupam a praça, como diversos grupos a utilizam de formas diferentes e os tipos de encontros que ocorrem. Nenhum desses elementos tem uma função fixa, mas antes, eles contêm capacidades que irão variar dependendo de como interagem com outros elementos materiais e não materiais[4]. Isso dá origem a um número infinito de possibilidades de associação, permitindo usos quase ilimitados desse espaço público[5].

Essas intervenções na superfície exploram como aumentar a capacidade espacial para *possibilitar* essas conexões e encorajar atividades não planejadas e interação social[6]. Em contraste com a "privação sensorial"[7] da cidade moderna, os experimentos de projeto urbano aqui propostos podem levar a uma relação mais intensa entre as pessoas e o ambiente físico[8]; o ambiente físico assume um papel ativo[9] no apoio às interações entre as pessoas e o lugar. Contrariando o ambiente estável e inerte dos empreendimentos modernos, as intervenções propostas introduzem uma *condição variável e mutável* – uma superfície em contínua adaptação.

▪ ▪

Como chegamos a ambientes urbanos tão rígidos? Os empreendimentos urbanos do século XX colocaram a ordem acima da complexidade. A *Carta de Atenas* dividiu a cidade em funções, o que teve um forte efeito na fragmentação das cidades em diferentes zonas predeterminadas. Com isso, surgiram grandes conjuntos habitacionais, distritos centrais de negócios, centros de lazer e de compras e longos deslocamentos para ir de uma zona de função única para outra.

Em contraste, no século XXI, os planejadores e projetistas urbanos começaram a argumentar a favor de "empreendimentos de uso misto", em que espaços funcionais distintos, como escritórios, habitação e comércio estão misturados em uma área urbana. O "uso misto" tornou-se um termo de moda e um ingrediente obrigatório em um plano diretor. Mesmo que a intenção desses empreendimentos possa parecer reverter os efeitos da Cidade Funcional, ainda há pouco espaço para improvisação – cada função é predeterminada e há regras específicas sobre o que as pessoas podem e não podem fazer no domínio público.

Isso pode ser observado na maneira em que a regeneração de conjuntos habitacionais tem sido abordada em ambos os lados do Atlântico. Desde os anos 1970, planejadores como Oscar Newman, nos Estados Unidos, e mais tarde Alice Coleman, no Reino Unido, começaram a culpar o desenho urbano dos conjuntos habitacionais modernistas por gerar criminalidade. Newman propôs estratégias de projeto urbano para excluí-la, com base nos princípios de "territorialidade", "vigilância natural" e "imagem e ambiente", que consiste na criação de uma hierarquia de espaços públicos e privados; na delimitação dos espaços abertos com cercas ou outros anteparos que impeçam a entrada de estranhos nos espaços comuns do conjunto, estabelecendo métodos para identificar facilmente as pessoas de fora e os indesejáveis; e na substituição do estilo arquitetônico modernista desses conjuntos habitacionais por um estilo arquitetônico que não contribua para a estigmatização da área[10].

As ideias de Newman para os projetos habitacionais dos Estados Unidos foram retomadas no Reino Unido por Alice Coleman[11], que propôs intervenções corretivas como a eliminação de passeios elevados ou a criação de espaços delimitados pela adição de novos edifícios, a fim de aumentar a vigilância das ruas.

As propostas de Newman e Coleman para evitar a criminalidade por meio do projeto influenciaram a revitalização de conjuntos habitacionais tanto nos Estados Unidos quanto no Reino Unido dos anos 1970 em diante. Eles promoveram dois tipos de intervenções: primeiro, a subdivisão dos grandes espaços abertos que caracterizam os conjuntos habitacionais modernistas em espaços abertos menores e cercados, com acesso exclusivo para aqueles que moram num dos edifícios do conjunto. Essa medida, que visa proteger os espaços abertos da presença de estranhos, transformou muitos desses conjuntos habitacionais em um agrupamento de condomínios fechados, negando qualquer tipo de relação com o entorno. Isso transformou bairros em lugares nos quais as pessoas só estão nas ruas no trajeto para o trabalho, lugares em que há pouca possibilidade de interação social.

O outro tipo de intervenção foi a demolição desses conjuntos e sua substituição por "empreendimentos de uso misto e de posse mista" que inclui usos como o comércio varejista e oferece habitação para pessoas com diferentes níveis de renda. Esse tipo de revitalização urbana, que em muitos casos está associado a processos de "limpeza social" e ao deslocamento de moradores, é outra forma de imposição da ordem e de um maior controle social. Esses empreendimentos construídos recentemente deixam pouco espaço para a improvisação e não transformam a Cidade Funcional em um lugar que estimula a interação social.

A ABERTURA DE DESENVOLVIMENTOS URBANOS FECHADOS

Para reverter os efeitos isoladores das áreas da cidade que foram projetadas com excesso de ordem, é importante considerar suas relações com as áreas circundantes. No caso dos condomínios suburbanos fechados e isolados, pode ser difícil encontrar pedaços de tecido urbano para estabelecer a relação com o bairro. No entanto, há outros casos de áreas urbanas fechadas e monofuncionais, particularmente aquelas no centro da cidade, que têm forte potencial para serem abertas.

No caso de conjuntos habitacionais no centro da cidade, as abordagens para a revitalização, até o momento, envolveram a subdivisão e o fechamento do espaço, o aumento da densidade por meio da adição de mais edifícios, ou sua demolição e renovação. Essas abordagens não criam possibilidades para novas relações, nem abrem os empreendimentos fechados. Para isso, devemos intervir nas margens[12], ali onde vários lugares isolados se encontram, onde há potencial para interação entre essas áreas urbanas e as pessoas que vivem ali. Richard, numa analogia com os ecossistemas naturais, explica esse processo de intervenção nas margens como a transformação das "divisas" fechadas, que são limites sem interação entre os dois lados, em "fronteiras" permeáveis, repletas de trocas[13].

O passo inicial é identificar ruas e espaços urbanos que tenham potencial para se tornarem fronteiras permeáveis ou lugares de ligação, associação e troca. Para isso, é necessário observar como o lugar funciona, bem como os hábitos das pessoas, seus padrões de movimentação, interação e socialização. Primordialmente, é preciso detectar os fluxos principais de pedestres, os pontos de destino, onde as pessoas param e passam o tempo e com que frequência e quando "estranhos" entram na área.

Depois, é necessário reconhecer os principais espaços atuais para a troca social – onde pessoas de diferentes pontos de origem interagem, como esses lugares se relacionam com seus arredores e os tipos de atividades que têm lugar nesses espaços. Eles podem ser um centro comunitário, um jardim semiprivado, um espaço público aberto, um abrigo ou qualquer outro lugar específico na vizinhança. Por fim, é importante identificar as barreiras existentes que isolam os lugares uns dos outros, como muros, cercas, pontos de controle, barreiras físicas que bloqueiam o acesso a uma área e outras medidas dissuasivas para impedir a entrada de estranhos. Em lugares como conjuntos habitacionais, essas medidas para impedir a presença de estranhos podem variar de uma área fechada para a qual somente os vizinhos têm acesso a outras barreiras físicas que não impedem, mas dissuadem o acesso, como degraus ou arbustos frondosos protegendo um espaço.

Essa análise é capaz de identificar os diferentes obstáculos que rompem a continuidade da rua e identificar lugares potenciais de intervenção, a fim de reverter o isolamento e a fragmentação da área. Jane Jacobs propôs "costurar novamente no tecido urbano" os bairros de habitação social e outros empreendimentos monofuncionais, o que implica "reforçar o tecido circundante"[14]. Ela também propôs conectar esses bairros às áreas urbanas adjacentes e repensar o aspecto das ruas que geram essas ligações. Com base na proposta de Jacobs, por meio de uma definição mais clara das ligações entre essas áreas e as circundantes e da reconfiguração do espaço entre os edifícios para que se tornem espaços públicos significativos, podemos transformar a superfície urbana em um lugar para a interação social.

Essas intervenções devem propiciar continuidade e diversidade[15] à superfície urbana. Os lugares identificados nas fronteiras, que ligam uma área urbana ao seu entorno, são transformados em uma superfície contínua na qual diferentes objetos, pessoas, construções e formas de autorregulação podem ser montados, desmontados e remontados. Na Gillett Square, o padrão do pavimento de granito conecta a praça à movimentada

Kingsland Road e às outras duas ruas em volta (Bradbury Street e Boleyn Road). Isso propicia uma ligação visual convidativa com a praça e a entrelaça ao tecido urbano existente.

No entanto, pensar a superfície apenas como contínua e homogênea não basta para alimentar diferentes tipos de atividades espontâneas. Esse erro já foi cometido nos conjuntos habitacionais modernistas, quando os arquitetos projetaram o nível do solo ao redor dos blocos de apartamentos como grandes espaços verdes contínuos em que a recreação deveria ocorrer. No entanto, esses grandes espaços abertos não criaram lugares para a interação. Esses espaços verdes contínuos e ilimitados, com nenhum ou poucos atrativos, não encorajam as pessoas a passar seu tempo ali e a socializar. A apreensão no que diz respeito a tais espaços abertos e o desejo de introduzir mais ordem levou à sua subdivisão e fechamento.

Uma superfície contínua não precisa ser homogênea[16]. Para criar uma relação mais forte entre o ambiente construído e a ocorrência de atividades sociais é necessário introduzir alternâncias, mutações e variações à malha urbana inexpressiva[17].

Como conseguimos isso? Em vez de usar o zoneamento excessivamente determinante e a subdivisão funcional que caracterizaram os empreendimentos modernistas, podemos fornecer uma superfície contínua no nível do solo que tenha atributos diversos em lugares diferentes. Isso pode levar a um ambiente construído com características, espaços e capacidades diversos para abrigar uma gama de atividades possíveis. Por exemplo, certos pisos de materiais macios podem acolher áreas de atividades lúdicas infantis; outros têm forte resistência a equipamentos pesados, o que é útil para a montagem de palcos; outros ainda podem ter furos para encaixe onde podem ser introduzidas estruturas temporárias; ou a drenagem apropriada para certas atividades que impliquem o uso de água ou o suprimento infraestrutural necessário para outras atividades. Essa diversidade de propriedades do ambiente construído não demanda que seja criada uma subdivisão, ela pode ser feita por meio de uma superfície contínua com diferentes atributos.

Em vez da subdivisão do espaço por meio de cercas e outros tipos de barreiras, o ambiente construído pode informar as pessoas sobre suas propriedades por meio de seus diferentes materiais, da codificação por cores no acesso à infraestrutura e outros tipos de sinalização. Essas variações na materialidade, nos atributos e nas capacidades na superfície no nível do solo irá tornar o ambiente construído mais expressivo, gerando novos usos inesperados e narrativas únicas[18] quando as pessoas forem de um lugar para o outro.

A criação de um lugar rico em conectividade não significa apenas fornecer uma superfície que ligue lugares, pessoas e atividades que estejam atualmente fragmentados ou isolados uns dos outros. Conectar também significa criar uma sucessão de eventos, lugares, encontros inesperados e atividades que propiciem uma experiência narrativa[19] e uma diversidade de situações. Essa diversidade preparará as pessoas para enfrentar o inesperado e criará um forte envolvimento com o ambiente construído, que já não é inerte, mas expressivo e mutável.

Na Gillett Square, essas condições para a diversidade foram criadas por uma superfície urbana que conecta as ruas principais com duas outras ruas e também pelo aumento da capacidade funcional dessa superfície por meio de uma série de estratégias – provisão de quiosques e de espaços de trabalho com aluguéis acessíveis, contêineres para armazenar equipamentos e estruturas ou elementos urbanos temporários, programação e gestão da praça, existência de voluntários para tirar alguns dos elementos urbanos dos contêineres, e também ativamente atrair atividades para o espaço.

A abertura de empreendimentos urbanos fechados não pode ser feita apenas melhorando a relação com seu entorno. A construção de um pavimento contínuo na Gillett Square não teria sido suficiente para criar condições para a diversidade. Foram necessários outros elementos que provessem as condições para o surgimento de atividades públicas.

A CRIAÇÃO DE CONDIÇÕES PARA O NÃO PLANEJADO

A capacidade da superfície urbana para permitir atividades não planejadas[20] e interação social depende do projeto de cada um dos elementos urbanos; dos materiais; dos acordos; das políticas; dos processos de envolvimento; dos planos de manutenção; da melhoria e da adaptação do domínio público e, primordialmente, da interação entre todos esses componentes.

Desenvolvimentos urbanos em que todas as atividades e funções são predeterminadas não estimulam a improvisação e a interação social e não encorajam as pessoas a se envolverem com o ambiente construído. Como essas "superfícies para a desordem" podem ser construídas? A seguir, proponho estratégias para montar, desmontar e remontá-las.

Como podemos pensar em novas maneiras de arranjar objetos, materiais e outros elementos de modo a criar um espaço público desordenado? Nos anos 1990, a Gillett Square, em Dalston, na região leste de Londres, era um estacionamento rodeado por edifícios deteriorados[21] e, certamente, desencorajava as atividades sociais. Contudo, a intervenção de colocar quiosques com aluguéis acessíveis para negócios, promovida pela Hackney Cooperative Developments e projetada por Hawkins/Brown, começou a encorajar as pessoas a se reunirem na área. Esses pontos de encontro social tornaram evidente a necessidade de substituir o estacionamento por uma praça.

O projeto realçou o potencial de uma superfície urbana de ser transformada em outra coisa. Para fazer tal intervenção, é necessário olhar com atenção para as atividades que já acontecem ali, para as pessoas que vivem na área e que potencialmente se reunirão no espaço público. A partir desse exame das relações existentes entre as pessoas e o lugar, os projetistas urbanos podem propor mutações[22], distorções e alterações na superfície urbana, a fim de aumentar o potencial para novas situações.

Na maioria das cidades, os carros são os principais ocupantes do espaço público. Isso implica grandes áreas asfaltadas, vias amplas e pátios de estacionamento, frequentemente colocados junto a centros comerciais, distritos de negócios, instalações de lazer ou habitações. Em muitas partes dos Estados Unidos, esse tipo de desenvolvimento urbano levou ao desaparecimento da cidade[23] e é difícil reverter seus efeitos. Nos conjuntos habitacionais modernistas, os espaços entre os edifícios são estruturados em vastas áreas verdes sem outros usos ou em áreas cercadas, pátios de estacionamento ou amplas vias para carros. Mas, tem mesmo que ser assim?

Existe também a questão da velocidade. A supremacia do carro no espaço público pode ser combatida por meio de estratégias como limitar o acesso de carros em algumas áreas ou impedir que os carros usem certas ruas como rotas de passagem, como foi feito na Superilla de Barcelona, onde a maior parte do espaço entre os edifícios é exclusiva para os pedestres[24]. Além disso, é possível mudar o pavimento de forma a reduzir a velocidade dos participantes concorrentes nos espaços públicos. Para isso, é necessário primeiro levar em conta a questão da mobilidade, garantindo que todos possam ter acesso ao espaço. Ademais, também significa

FIG. 5
Quiosques com baixo custo de aluguel para empreendedores locais na Gillett Square, Dalston, Londres. Foto de Estrella Sendra. Abril de 2012.

construir uma superfície que estimule as pessoas a pararem e reduzirem seu ritmo. A mistura de pavimentos com texturas e materiais distintos[25] – madeira, metal, borracha, diferentes tipos de pedras – ao lado de superfícies naturais permeáveis como grama, plantas e terra pode encorajar as pessoas a pararem em diferentes pontos, se envolverem com a superfície urbana e levar a usos espontâneos do domínio público. Essa diversidade cria uma "superfície texturada"[26] que captura a atenção das pessoas e estimula novas associações.

Veja, por exemplo, os *playgrounds* de Aldo Van Eyck, em Amsterdã, no pós-guerra. O arquiteto holandês projetou 734 *playgrounds* na cidade entre 1947 e 1978[27]. Os projetos preencheram espaços vazios da cidade com *playgrounds* sem delimitações e com texturas diferentes como areia, grama, água e pedras a serem escaladas – convidando as crianças à exploração. Essas variações táteis da superfície proporcionavam oportunidades para a surpresa[28]. Nos *playgrounds* de Van Eyck, a segurança era obtida pela presença de pessoas no espaço público e não pelo cercamento das áreas infantis.

A permeabilidade – a combinação de superfícies pavimentadas com superfícies naturais – é outro método de interferir na velocidade em um espaço público. Desde os anos 1980, arquitetos e projetistas urbanos em toda a Europa, em reação ao modernismo, projetaram muitas praças com superfícies duras e muito pouca permeabilidade, o que levou a uma diminuição da biodiversidade urbana[29]. As "praças duras" que Barcelona construiu nos anos 1980, 1990 e na virada para o século XXI conseguiram proporcionar pequenos espaços públicos para interação social, mas reduziram consideravelmente a permeabilidade da pavimentação.

A variedade de texturas pode ser usada para "falar" com as pessoas, codificando os revestimentos por meio de cores, materiais e sinalização diferentes, que fornecerão informação sobre a infraestrutura subterrânea e outros recursos espaciais. Isso não significa que a superfície dite as funções do espaço, mas ela propicia a informação da qual as pessoas podem fazer uso para imaginar diferentes possibilidades. Esse tipo de superfície texturizada se liberta do zoneamento e do projeto predeterminado e, ao mesmo tempo, permite a ocorrência de uma diversidade de atividades sociais no espaço público.

Por fim, essas intervenções podem promover uma relação mais próxima entre as pessoas e as coisas materiais, reforçando a relação entre "o

FIGS. 6 E 7
(em cima) Buskenblaserstraat, Amsterdã, c. 1955. (abaixo) Intervenção de Aldo Van Eyck. Buskenblaserstraat, Amsterdã, c. 1955. Fonte: Amsterdam City Archives.

eu e o isso"[30], como Richard explica, pelo fornecimento de superfícies para a arte urbana e o esporte que permitam às pessoas uma interação mais direta com o ambiente. Por exemplo, as autoridades locais tendem a gastar muitos recursos na prevenção e repressão de grafiteiros e de esportes urbanos, como o *skate*. Incorporar essas atividades no projeto do domínio público sem isolá-las pode tornar o espaço mais atrativo, expressivo e cheio de vida – e a um custo muito inferior ao da proibição e repressão. Gustavo Petro, quando prefeito de Bogotá, introduziu um decreto para promover o grafite na capital colombiana por meio de um plano de financiamento para os artistas, porém também delimitou os lugares e as condições em que o grafite seria legal[31]. Embora esse decreto não tenha eliminado a controvérsia em torno do grafite, as ruas de La Candelaria – o bairro da cidade velha de Bogotá – são famosas por seus belos murais, cheios de mensagens políticas e de protesto.

Essas intervenções iniciais, que melhoram a capacidade de certos trechos da superfície urbana no intuito de criar maiores possibilidades de atividade e de interação, podem levar a uma transformação orgânica do espaço público por meio da construção da superfície como um sistema modular. Na verdade, as três intervenções explicadas precisam ser implementadas como um quebra-cabeça que pode ser montado, desmontado e remontado. Isso oferece o revigorante potencial no qual o processo de construção do espaço público permanece "incompleto"[32].

PROJETO:
INFRAESTRUTURAS PARA A DESORDEM

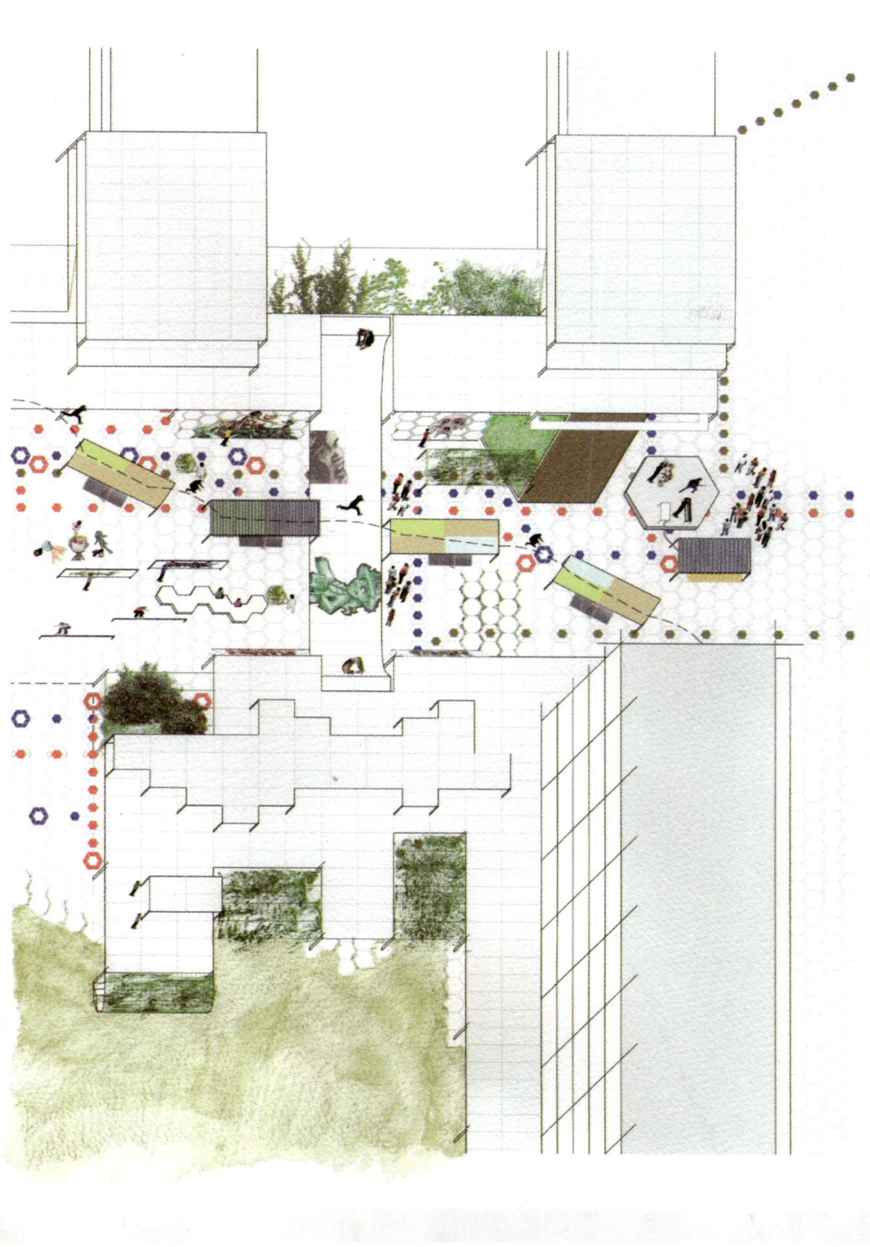

Paul Sendra, 2009.

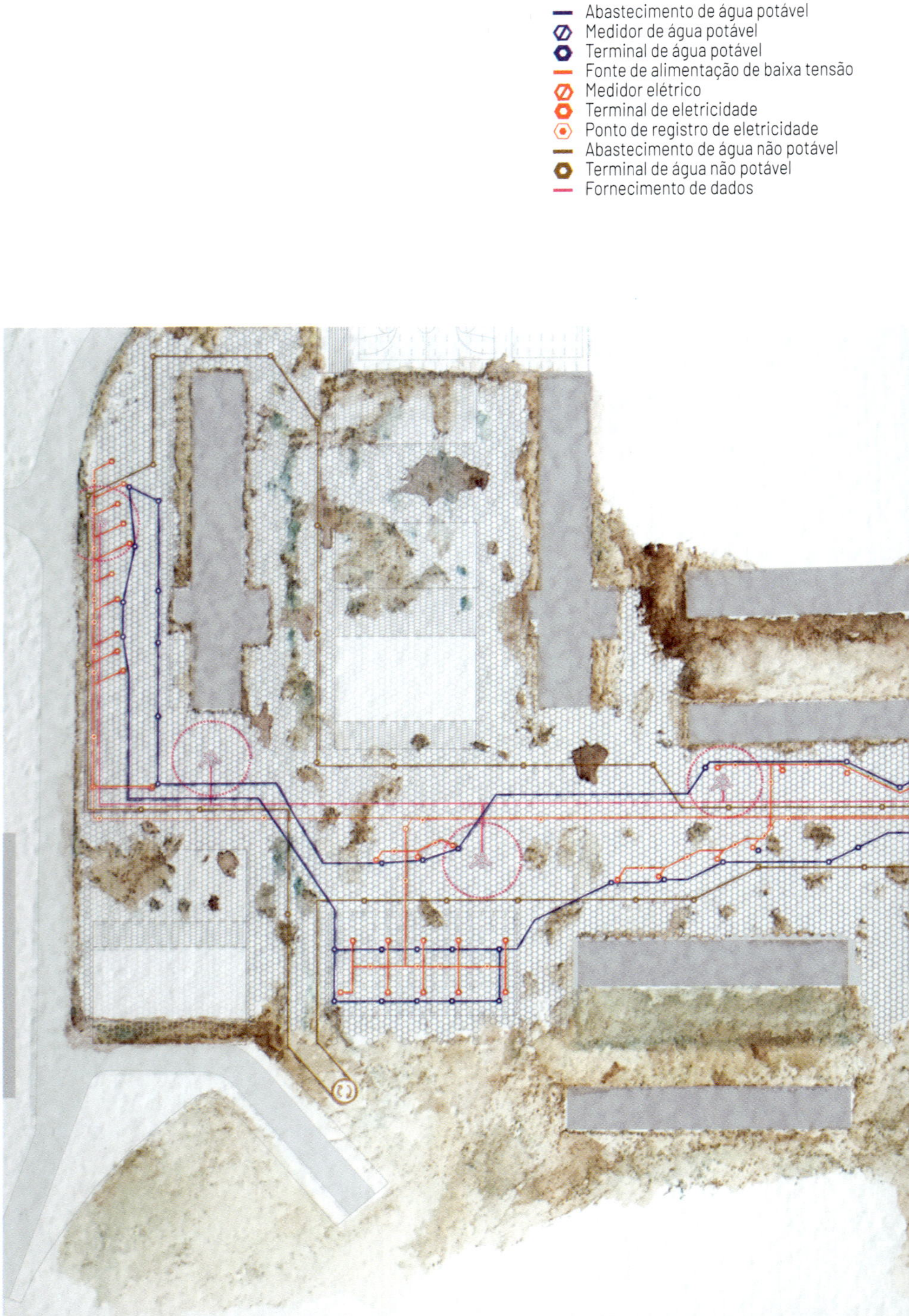
Abastecimento de água potável
Medidor de água potável
Terminal de água potável
Fonte de alimentação de baixa tensão
Medidor elétrico
Terminal de eletricidade
Ponto de registro de eletricidade
Abastecimento de água não potável
Terminal de água não potável
Fornecimento de dados

ABAIXO O sistema aberto fornece uma nova camada de infraestrutura gerida coletivamente (o piso técnico) que equipa o piso térreo do espaço público com água potável, eletricidade de baixa tensão, água reciclada não potável e dados. A disponibilização desta infraestrutura estimula negociações sobre como utilizá-la e geri-la e permite uma diversidade de atividades planejadas e espontâneas na esfera pública. As pessoas podem conectar-se à infraestrutura através dos pontos terminais no piso. Nos locais onde existe uma maior concentração de infraestruturas, existe uma maior probabilidade de surgirem atividades.

Paul Sendra, 2009, com pós-produção, 2019.

ACIMA O sistema de pavimentação segue uma lógica modular, permitindo a construção de uma superfície flexível que pode ser facilmente modificada adicionando novas peças, alterando a sua textura ou transformando os seus usos. Certas áreas da superfície são dotadas de infraestruturas e de fundações para encaixe de elementos estruturais. Estes oferecem possibilidades para que diversas atividades ocorram no espaço público. Por exemplo, o fornecimento de eletricidade pode permitir atividades como eventos musicais, enquanto o abastecimento de água potável e o abrigo podem proporcionar o espaço e as instalações necessárias para uma cozinha comunitária. Dado que cada parte da superfície oferece diferentes possibilidades, este sistema modular dá ensejo a uma superfície contínua reunindo diversas áreas com diferentes qualidades.

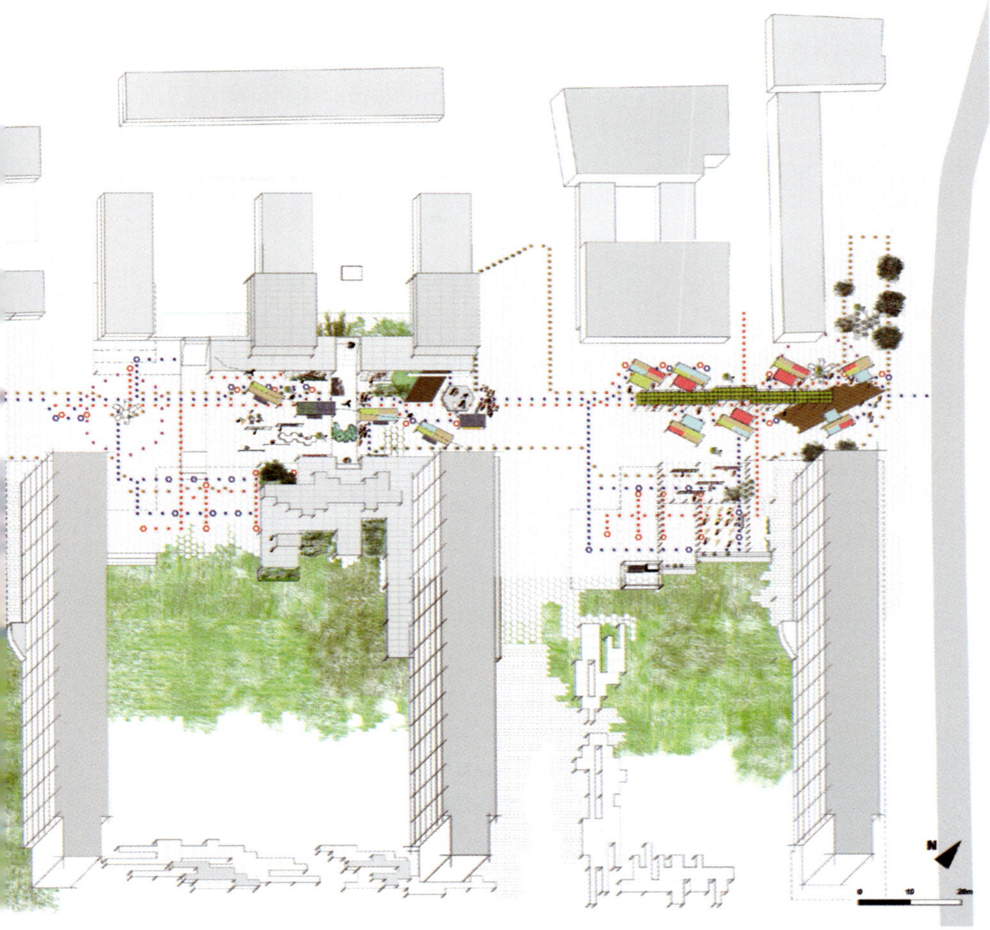

Paul Sendra, 2009.

▲ **SEÇÃO LONGITUDINAL** Fronteiras permeáveis podem ser alcançadas através de uma secção ininterrupta, sem paredes divisórias, e de uma sucessão de diferentes elementos construídos e eventos que proporcionam espaços para ruptura. A diversidade da secção longitudinal é proporcionada por uma paisagem urbana em mudança e não por uma hierarquia fixa de paredes.

Observe que esta seção é de uma vizinhança diferente do restante das ilustrações.

▶▶ **SEÇÃO TRANSVERSAL** As intervenções no corte transversal modificam a forma como as pessoas percebem e vivenciam o espaço, bem como a forma como as pessoas percebem os outros. Também transformam a divisão entre interior/exterior e público/privado em fronteiras permeáveis. A montagem de elementos no trecho pode alterar as proporções da rua em relação ao ser humano, facilitando o contato social. Além disso, podem transformar divisões difíceis em fronteiras permeáveis e fornecer abrigo para acolher uma diversidade de atividades.

As estruturas têm a possibilidade de crescer organicamente e podem ser acrescentadas mais construções para responder às necessidades. Esta capacidade de crescimento é conseguida através do fornecimento de construções leves com capacidade estrutural para suportar outras atividades acima e crescer verticalmente conforme as atividades assim o exigirem. Estas estruturas inicialmente cobririam apenas o solo, proporcionando a opção de montar outras estruturas em cima delas.

Paul Sendra, 2014.

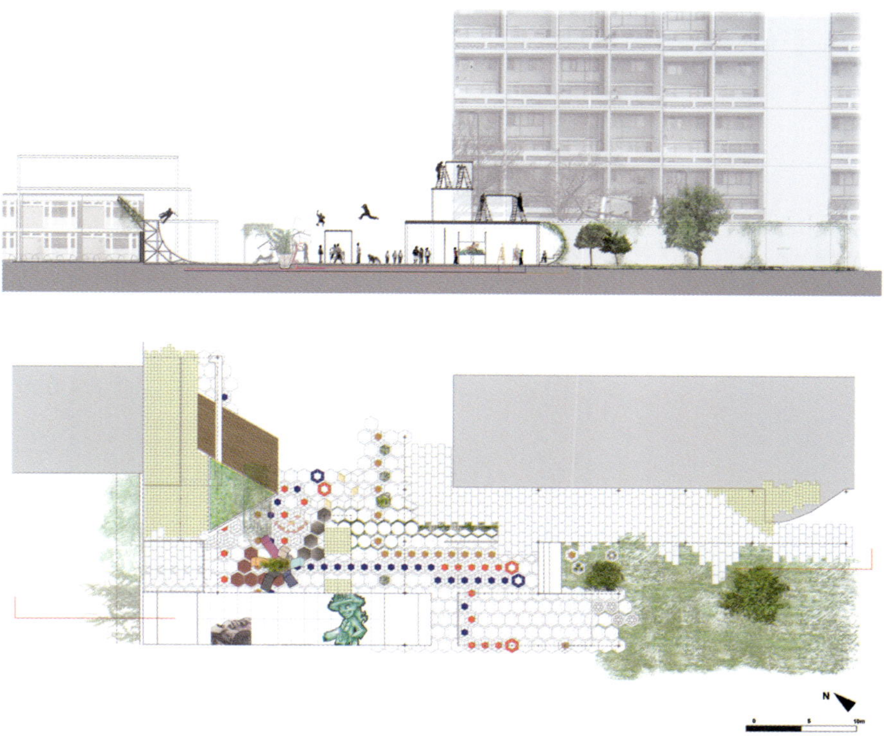

Paul Sendra, 2009.

6 Desordem na Seção Vertical

No entanto, uma cidade não existe em toda a sua complexidade apenas no nível da rua. O que acontece acima é tão importante quanto o que acontece abaixo. A teoria urbana crítica, como mostraram Stephen Graham e Lucy Hewitt, não prestou atenção suficiente à dimensão vertical do espaço urbano. Eles identificaram certos processos de segregação que têm lugar conforme a cidade se amplia verticalmente, colocando moradias em torres distantes do espaço público desordenado[1].

Essa desconexão entre o plano horizontal e o eixo vertical pode ser vista em muitos desenvolvimentos urbanos. Em meados do século XX, tanto nos Estados Unidos quanto no Reino Unido as administrações locais e metropolitanas construíram vias expressas elevadas, que atravessavam o centro de muitas cidades. Isso aconteceu em várias cidades dos Estados Unidos, como Boston, onde a Central Artery, construída em 1959, cruzava o centro da cidade. Essa via expressa elevada foi substituída por um túnel subterrâneo na virada para o século XXI, por meio do grande projeto conhecido como o Big Dig[2]. O mesmo quase aconteceu também em Manhattan, onde Robert Moses propôs a construção de uma via expressa através de Greenwich Village, mas os planos foram detidos em consequência de uma campanha poderosa liderada por Jane Jacobs. Esses projetos infraestruturais cortam os bairros em dois, gerando fortes barreiras e fragmentando o ambiente construído. Em Londres, embora os planos para construção de um anel viário elevado (Ringway 1) também tenham sido definitivamente interrompidos, algumas partes foram construídas.

Uma dessas obras, a Westway, atravessa North Kensington, na região oeste de Londres. A falta de atenção ao aspecto vertical da cidade gerou

FIGS. 8
Extraído da obra *The City of To-morrow and Its Planning*, **de Le Corbusier, 1929, p. 238.**

uma situação em que essa via elevada para automóveis passava a apenas poucos metros das janelas das moradias lindeiras, tornando impossível viver na vizinhança.

Os conjuntos habitacionais modernistas também desconsideravam a verticalidade. A Cidade Funcional separava o fluxo de pedestres do tráfego de carros em níveis diferentes e priorizava o movimento, uma vez que as pessoas estariam se movendo de uma "função" para a outra. Os conjuntos habitacionais foram concebidos como torres ou blocos laminares erguidos em grandes espaços abertos, com áreas verdes, ruas e pátios de estacionamento, sem qualquer relação ou interação entre os edifícios e o solo. Essa segregação vertical de funções criou espaços públicos alienantes nos quais as pessoas temiam a presença de estranhos. Se prestarmos atenção aos desenhos de Le Corbusier, em *The City of To-morrow and Its Planning* (A Cidade do Amanhã e Seu Planejamento)[3], podemos ver essa segregação vertical entre os blocos habitacionais e as grandes superfícies horizontais. As ruas são muito largas de modo a permitir que os carros se movam rapidamente de uma função (casa) para outra (trabalho) e os edifícios de cada lado da rua estão separados por mais de duzentos metros. Essa configuração urbana

elimina o sentimento de estar em uma rua cercada por edifícios e atividades. A rua perde a continuidade e há pouca relação entre os edifícios e o solo.

Projetar tendo a desordem em mente também confronta os problemas da cidade vertical. O surgimento de atividades espontâneas no solo e a maneira em que as pessoas interagem e percebem estranhos é frequentemente mediada pela composição arquitetônica dos edifícios que cercam o espaço, a altura dos edifícios, as atividades que têm lugar nos diferentes pisos, e outras qualidades materiais e sociais da dimensão vertical.

Os arquitetos entendem essa relação entre o nível da rua, o interior do edifício, os diferentes níveis do solo e os elementos verticais do edifício pelo desenho de uma *seção* vertical. Embora muitos arquitetos comecem a projetar um edifício pela planta baixa, seu projeto também pode começar pelo desenho da *seção vertical*. Esse é o caso da Biblioteca de Seattle, projetada pelo OMA (Office for Metropolitan Architecture) de Rem Koolhaas. O diagrama que originou o projeto do edifício é um corte, no qual as diferentes atividades estão dispostas verticalmente e a conexão vertical entre esses diferentes programas gera espaços intermediários destinados a atividades públicas[4].

Quando um projetista urbano começa pelo corte, o foco não está tanto na morfologia dos edifícios, mas no espaço resultante entre eles, na relação entre os diferentes elementos e na experiência das pessoas nas ruas. Projetar a seção vertical significa olhar para a atmosfera[5] que será criada.

Todas essas dimensões materiais, sociais e culturais influenciam a forma com que as pessoas percebem os estranhos no espaço público e podem estimulá-las a caminhar mais rápido ou a permanecer nele; elas influenciam o modo como as pessoas se dirigem umas às outras e interagem, por meio de contato visual, cumprimentos, eventuais conversas e reuniões[6]. Podem também encorajar ou desencorajar o surgimento de atividades – planejadas ou não – no domínio público. Por exemplo, as ruas que aparecem nos desenhos de Le Corbusier para *The City of To-morrow*, que têm mais de duzentos metros de largura, não encorajam a caminhar por elas, a desenvolver atividades ou a encontrar pessoas. Na Gillett Square, pelo contrário, a relação entre o nível do solo e os edifícios do entorno é estabelecida pela presença dos quiosques, das unidades de trabalho a preços acessíveis, do Vortex Jazz Club, da Dalston Culture House, dos contêineres para a guarda de estruturas e equipamentos temporários, e pela conexão com as ruas do entorno. Essas relações na seção vertical facilitam a interação social e o surgimento de atividades.

Os arquitetos desenham dois tipos de seções verticais, dependendo se o plano de corte é paralelo ao lado mais longo do edifício ou ao mais curto. Esses dois tipos de desenhos são chamados de seção longitudinal e seção transversal[7], e eles também são usados no projeto urbano. Ao projetar intervenções em um espaço urbano, a seção longitudinal pode nos ajudar a explorar e a propor novas narrativas por meio de diferentes espaços urbanos, ao olhar para a transição entre diferentes lugares e eventos. Em uma escala mais próxima, as estratégias da seção transversal podem nos ajudar a explorar como criar uma atmosfera que encoraje relacionamentos e interações no espaço urbano.

SEÇÃO LONGITUDINAL

As cidades estão ficando cada vez mais fragmentadas pela excessiva determinação de funções e pela segregação dos espaços. Essa fragmentação não acontece apenas na superfície horizontal, mas também por meio de elementos verticais na paisagem urbana. A paisagem urbana é composta não apenas por sua superfície horizontal, mas também por elementos verticais. Em oposição a uma sequência linear que cria uma hierarquia de espaços e isolamento da vida urbana, Richard propõe projetar "espaços narrativos"[8] – lugares que perturbam a sequência linear da cidade e permitem "conflito e dissonância"[9].

O que é uma sequência linear de espaços e seu efeito na vida urbana? Ela é muito semelhante ao conceito de territorialidade de Oscar Newman[10], que tem sido aplicado a muitos conjuntos habitacionais de interesse social desde os anos 1980. Newman acreditava que a arquitetura moderna propicia a criminalidade – os espaços abertos ilimitados dentro desses bairros atraem o comportamento antissocial. Para combater esse efeito, ele sugeriu a delimitação da transição de público para semipúblico, para semiprivado e para privado. Nos conjuntos habitacionais modernistas, propôs a criação dessa hierarquia de espaços pela subdivisão do espaço entre os edifícios, do cercamento dos jardins ao redor das torres de apartamentos e da implementação de métodos de vigilância. Por meio dessa sequência linear, ele apresentou seu conceito de territorialidade, que torna mais fácil identificar estranhos dentro de um bairro.

À primeira vista, a transição sugerida por Newman pode parecer bastante lógica. No entanto, as demarcações claras que ele propõe não deixam espaço para a improvisação ou a disrupção. Além disso, essas delimitações resultam na criação de espaços fechados que não permitem acesso a pessoas de fora e isolam esses bairros da vida urbana.

As propostas de Newman foram influentes tanto nos Estados Unidos quanto no Reino Unido[11]. Em alguns dos conjuntos habitacionais de interesse social de Londres, o espaço público está agora subdividido e os jardins fechados, reproduzindo esse conceito de territorialidade. Um exemplo da transformação do espaço público de um conjunto modernista com o enfoque do espaço defensível é Loughborough Estate, um conjunto habitacional social construído pelo London County Council (Conselho do Município de Londres) nos anos 1950 em Brixton, região sul de Londres. Ele tem uma mescla de casas de altura baixa, blocos de altura média e blocos altos laminares inspirados pela Unitè d'habitation, de Le Corbusier. Os blocos laminares foram construídos sobre *pilotis* com um piso térreo permeável.

Inicialmente, os jardins ao redor dos blocos laminares eram completamente abertos, seguindo o conceito de Le Corbusier de construir torres cercadas pela natureza. A partir de evidências descobertas nos Arquivos Lambeth, nos Arquivos Metropolitanos de Londres e na base de dados das solicitações de planejamento, em Lambeth, observei como o espaço público foi transformado[12]. A partir dos anos 1990, todos os jardins circundantes foram fechados para uso exclusivo dos residentes. Nessas áreas privadas, foram criados alguns *playgrounds* e paisagismos, enquanto outras partes foram substituídas por pátios para estacionamento. Os pisos térreos dos blocos laminares foram fechados e criadas entradas seguras com portaria.

Os moradores estão felizes com esse nível de intervenção, uma vez que os jardins fechados com *playgrounds* proporcionam lugares seguros para as crianças brincarem. No entanto, essa intervenção também resultou na subdivisão do espaço por meio de cercamentos. A paisagem urbana de um espaço sem delimitação foi substituída por uma paisagem urbana de barreiras, pátios de estacionamento e torres com entradas seguras, com portarias. Essa paisagem urbana não gera uma experiência de percorrer diferentes territórios, lugares e eventos. Ela não convida as pessoas à interação e ao engajamento em atividades no espaço público. Embora as pessoas possam se sentir mais seguras em jardins fechados, a rua pública permanece pouco usada e não convida as pessoas a se reunirem. Isso, com o tempo, tem criado uma atmosfera que passa a temer o estranho em vez de abraçar o inesperado.

Por outro lado, o que aconteceria se o espaço urbano fosse projetado para alimentar uma sucessão de cenas narrativas? Em oposição à estratégia de Newman de delimitação do espaço por meio de muros para protegê-lo de estranhos, Richard propõe a criação de fronteiras permeáveis[13]. Isso incluiria uma seção ininterrupta sem muros divisórios, bem como uma sucessão de diferentes espaços e eventos que proporcionam espaços para a disrupção.

Muitos bairros têm divisas claras que criam um limite físico ou psicológico. Esses limites podem ter diferentes objetivos e resultados; seu propósito pode ser a proteção contra estranhos, a criação de um limite entre dois lugares com níveis socioeconômicos diferentes ou podem ser limites acidentais que produzem isolamento e segregação. Divisas podem assumir diferentes formas: podem ser muros ou cercamentos fechados, como é o caso em condomínios fechados ou jardins privados coletivos. Podem ser vedações menores ou barreiras físicas facilmente traspassadas, mas criam um limite. Podem ser mudanças na topografia que segregam dois espaços, ou trechos de infraestrutura, como ferrovias, vias largas, vias expressas ou viadutos. Uma divisa pode ser criada até mesmo pelo vazio: espaços vagos ou grandes espaços abertos que marcam o limite entre dois territórios.

A depender da natureza da divisa, um tipo diferente de intervenção é necessário para transformá-la em uma fronteira[14]. Quando a divisa é uma vedação ou um muro, as ações consistirão em eliminar esses cercamentos, muros ou elementos físicos que criam barreiras e segregam áreas. Em alguns casos, quando a eliminação de um desses limites físicos não é possível, os limites podem ser transformados em fronteiras permeáveis. Essa transformação consiste em equipar o muro com recursos de apoio às atividades. Se o muro for um lugar em que as atividades acontecem, ele pode gerar interação entre dois lugares e criar uma transição entre territórios. Nas ilustrações incluídas na seção de imagens deste livro, mostrei como o cercamento que delimita os jardins coletivos ao redor dos blocos de apartamentos nos conjuntos habitacionais sociais poderiam ser transformados em espaços para atividades e interação social – modificando uma divisa fechada em uma fronteira permeável.

Quando a divisa envolve uma mudança na topografia, a ação consiste também na transformação da divisa em um lugar para a interação. Isso pode ser alcançado com a construção de espaços terraceados entre áreas com cotas diferentes, nas quais as pessoas podem se sentar e interagir.

Quando a segregação de áreas diferentes é produzida por alguma infraestrutura, as ações podem exigir grandes obras de engenharia e tomar mais tempo em termos de tomada de decisão. Para fazer essa obra de engenharia acontecer, é necessário implementar uma solução temporária que transforme a divisa em um lugar para a interação e então reivindicar que essas divisas sejam transformadas em fronteiras. Por exemplo, as pequenas intervenções feitas pela comunidade de North Kensington, em Londres, usando um espaço sob a Westway como um *playground* autoconstruído, no final dos anos 1960, levaram à reivindicação de 9,3 hectares de área para o uso comunitário sob a via elevada.

Quando uma divisa é criada por meio do vazio, as ações devem transformar esses espaços vazios em espaços de transição. Isso pode ser feito acrescentando estruturas ou elementos que forneçam abrigo para atividades e lugares para interação, que contribuam para a continuidade na seção vertical e evitem a hierarquia de espaços. No entanto, continuidade não necessariamente significa homogeneidade e cada espaço deve ter seu próprio caráter. Os espaços urbanos em um centro de cidade são diferentes daqueles de uma área residencial. Porém, a transição entre espaços com caráter diferente precisa ser uma experiência convidativa.

É preciso que as estratégias que criam continuidade sejam combinadas com estratégias que criam uma diversidade de experiências; lugares para a disrupção, em que objetos e situações diferentes se sobreponham, em que atividades imprevisíveis aconteçam. Richard define isso como "lugares cheios de tempo"[15]. A seção narrativa tem uma diversidade de espaços nos quais as atividades podem começar a emergir, onde o início de processos pode ocorrer. Para criar tais espaços na seção longitudinal, as intervenções podem consistir na inclusão de elementos verticais que criem esses lugares para a disrupção e as atividades imprevisíveis. Esses elementos verticais podem assumir diferentes formas e serem montados de distintas maneiras a depender do ambiente construído existente.

Por elementos verticais, quero dizer estruturas leves para abrigar atividades no espaço público ou construções mais sólidas que proporcionem abrigo para atividades e mais interação entre os edifícios e a rua. Esses podem ser quiosques de mercado, como aqueles da Gillett Square. Podem, também, ser outros elementos permanentes, como postes de iluminação, áreas de estar, diferentes tipos de mobiliário urbano que confiram determinadas qualidades a cada espaço ao longo da seção longitudinal. Eles também podem ser elementos temporários que permitam sua colocação, circulação e remoção do espaço público, tal como telas de cinema, equipamento para jogos, equipamento esportivo, assentos extras, um palco, ou iluminação adicional. Na Gillett Square, isso permite às pessoas transformarem o ambiente construído de acordo com as atividades que estejam ocorrendo.

Outra forma de obter diversidade na seção longitudinal envolve diferentes tipos de vegetação, ou estruturas e suportes para que a vegetação cresça. A ilustração da seção longitudinal (incluída na seção de imagens deste livro) fornece um exemplo de como esse ambiente mutável pode ser criado por meio do acréscimo de uma variedade de elementos verticais.

Esses elementos verticais podem ser montados na superfície urbana e oferecer recursos adicionais para abrigar situações imprevisíveis: equipamento, abrigo adequado para atividade e fachada para a rua. Podem ser montados de encontro aos edifícios, particularmente onde há uma parede sem janelas ou porta e a interação entre o edifício e a rua precisa ser melhorada. Como explicado, também podem ser fixados a muros e a cercamentos existentes para transformar divisas em fronteiras.

Por meio da adição desses elementos verticais, a diversidade da seção longitudinal é dada por uma paisagem urbana cambiante e não por uma hierarquia fixa de muros. Essa seção narrativa pode borrar as linhas de segregação que dominam os ambientes urbanos. Por meio da montagem de novas estruturas e elementos urbanos, as estratégias usadas na seção longitudinal podem, primeiro, construir fronteiras porosas para a interação entre distintos espaços da cidade e, em segundo lugar, fornecer diversidade no ambiente urbano. Finalmente, eles criarão espaços para a disrupção e para o surgimento de atividades inesperadas que contribuam para percepções mais positivas de desordem.

SEÇÃO TRANSVERSAL

Ligadas às estratégias da seção longitudinal – que buscam criar uma sucessão de experiências – as estratégias da seção transversal exploram propostas detalhadas para cada experiência urbana. Elas observam em detalhe como a superfície horizontal e os elementos verticais – volumes, planos, linhas – combinam-se para criar diferentes capacidades, gerando uma diversidade de experiências no ambiente construído. As intervenções nessa seção modificam o ambiente físico, levando em consideração o espaço da rua consequente, como as pessoas o percebem e experimentam, e como elas discernem os estranhos no espaço resultante. Elas também prestam particular atenção à relação entre interior-exterior, público-privado e à interação entre ambos os lados de uma fronteira.

Autores como Jan Gehl estudaram de que maneira fatores como a proporção da rua, a relação entre o tamanho dos edifícios e a escala humana, a sensação de confinamento que as pessoas podem sentir e a diversidade dos espaços urbanos podem influenciar a forma como as pessoas percebem os estranhos[16]. As características e as proporções do espaço entre os edifícios também podem influenciar formas particulares de relacionamento. As ruas estreitas das cidades históricas europeias como o Casco Antiguo (Cidade Velha), em Sevilha, podem levar a tipos particulares de percepções e de interações entre estranhos, enquanto os grandes espaços abertos característicos dos desenvolvimentos urbanos modernistas, ou espaços nos quais atividades diferentes estão segregadas em distintos níveis verticais, podem conduzir a outras formas de interação ou de isolamento.

A segregação e o isolamento assumem diferentes formas. Eles podem ocorrer quando os limites são indefinidos, como acontece em alguns conjuntos habitacionais modernistas em que os espaços abertos não têm limites e criam uma área pública alienante. Eles também ocorrem no outro extremo, quando há fechamento em excesso e fortes limites. Podem ocorrer igualmente quando há pouca interação entre diferentes espaços. Richard descreveu os vidros planos em fachadas de edifícios modernos e contemporâneos como divisas fechadas[17], em que as pessoas no exterior podem ser capazes de ver o interior, mas não de interagir. Ele também descreveu diferentes formas de segregação pelo uso de elementos como a natureza, a fim de separar coisas, atividades e pessoas que não devem se misturar[18].

Para transformar esses métodos de segregação, proponho estratégias para criar fronteiras permeáveis que permitam a interação social e o intercâmbio. A criação de tais espaços pode contribuir para superar o medo que as pessoas têm de estranhos.

Como esses espaços podem ser obtidos por meio do projeto urbano? Devemos pensar sobre o espaço entre os edifícios como a composição de diferentes elementos – materiais e não materiais – que podem ser montados, desmontados e remontados. A seção transversal como uma forma de desenhar, projetar e compreender o espaço pode nos ajudar a entender a relação entre os diferentes elementos que compõem o domínio urbano.

Por meio dessa assemblagem de elementos na seção vertical, é possível criar ambientes urbanos que estimulem o contato social ao oferecer uma paisagem urbana na escala humana. Isso pode ser feito por meio de construções que alterem a distância entre os edifícios e a altura das construções voltadas para a rua. Além de modificar a proporção da rua considerando a escala humana, a remontagem de elementos verticais e as novas estruturas visam criar um ambiente que estimule a improvisação, oferecendo diversidade e abrigo para atividades no espaço público.

Como começa essa remontagem da seção transversal? As intervenções na seção vertical atuam em conexão com aquelas "abaixo" e "acima" do solo e seguem um processo similar. O primeiro passo é introduzir certas disrupções na seção que descortinem novas possibilidades de interação e destravem ambientes urbanos rígidos. No caso da Gillett Square, essa "disrupção" foi criada pelos quiosques colocados na parte de trás de um edifício junto a um pátio de estacionamento, que levou à interação social ao redor dos quiosques e, anos mais tarde, à construção da praça.

Uma vez que as disrupções iniciais comecem a funcionar, as intervenções seguintes podem acrescentar aos primeiros elementos, mudando a seção em resposta a diferentes situações e gerando um ambiente urbano diversificado que encoraje o surgimento de atividades espontâneas. Em Sevilha, durante os piores anos da recessão pós-2008, quando havia poucos recursos para a infraestrutura cultural, a companhia teatral Varuma Teatro e o arquiteto Santiago Cirugeda (Recetas Urbanas) criaram uma Escola de Circo em um terreno vazio, num bairro semiperiférico de Sevilha[19]. Primeiro foi erguida uma tenda de circo e a "Araña" (aranha): um contêiner que tinha sido personalizado e assentado sobre quatro pernas articuladas feitas de vigas pré-fabricadas. Ambas as estruturas foram feitas com elementos reutilizados e num esquema de autoconstrução. Elas criaram uma rica diversidade de eventos e de atividades culturais. Isso rapidamente levou a que outros coletivos trabalhassem em colaboração para instalar novas estruturas também autoconstruídas no mesmo terreno[20]: um laboratório de fotografia para projetos audiovisuais, uma "sala de aula aberta", uma pérgola. O espaço, conhecido como La Carpa (a tenda), cresceu organicamente por meio da montagem de novos objetos e do acolhimento de novos coletivos que se uniram a eles[21]. Esse foi um ótimo exemplo de "disrupções" iniciais que tiveram um efeito de replicação.

Os elementos verticais a serem montados na seção transversal podem seguir o mesmo sistema modular da infraestrutura proposta para "acima" e "abaixo" do solo. Esses elementos podem ser construções leves, localizadas no limite entre o privado e o público, ou em "divisas" existentes[22], tais como vedações ou muros, de forma que possam ser transformados em lugares para interação. Quando colocadas em "divisas", tais estruturas podem enfrentar as diferentes formas de isolamento descritas anteriormente: proporcionar uma definição melhor da rua quando os limites do domínio público são indefinidos ou abrir muros fechados e superar o isolamento vertical.

Nos conjuntos habitacionais modernistas nos quais o domínio público tem limites indefinidos, uma melhor definição da rua facilita o contato social[23]. Isso pode ser alcançado sem reconstruir a rua, apenas acrescentando novas estruturas ao ambiente construído. Quando a separação é produzida por vedações, muros ou outras formas de isolamento vertical, as estruturas adicionais podem criar lugares para a interação entre os espaços que estavam segregados.

As intervenções devem evitar a execução dessa melhor definição da rua por meio de construções sólidas, tais como muros, paredes ou destruindo os edifícios existentes. Na reabilitação de conjuntos habitacionais nos Estados Unidos, no Reino Unido e em outros países europeus, a tendência tem sido demolir os edifícios existentes e substituí-los por *layouts* tradicionais de rua com apropriada vigilância passiva. Essa construção de "ruas" tem justificado a demolição em massa e, em alguns casos, a limpeza social de muitos conjuntos habitacionais. Tais "ruas" podem ser construídas pela montagem de vários elementos no ambiente. Isso é passível de ser feito pela construção de estruturas que funcionam como, segundo a descrição de Richard, uma "parede celular", que é simultaneamente "resistente e porosa"[24] e permite a interação. Assim, as intervenções na seção transversal dos conjuntos habitacionais devem começar com uma construção leve que delimite a rua, ocupando os espaços normalmente tomados pelas superfícies dos pátios de estacionamento e pelas vedações de jardim. Como fazem os quiosques e os contêineres na Gillett Square, essa construção leve pode abrigar atividades que melhorem a aparência espacial e, também, servir como depósito para guardar outras estruturas. E, como ocorreu em La Carpa, as estruturas podem crescer organicamente, sendo aumentadas em resposta às necessidades das pessoas pelo fornecimento de construções leves com capacidade estrutural para suportar outras atividades no topo e crescer verticalmente conforme as atividades requeiram. Dessa forma, como mostrado na ilustração "seção transversal" (incluída na seção de imagens deste livro), essas estruturas inicialmente cobririam apenas o solo, embora oferecessem a opção de montar outras estruturas no topo.

Esse sistema aberto de montagem de estruturas resulta em uma seção transversal dinâmica em constantemente transformação e que, por meio da flexibilidade e da modularidade da superfície, facilita a montagem de estruturas e proporciona um ambiente construído diversificado para apoiar vários tipos de situações. Pode haver associações também com outros tipos de estruturas que não necessariamente delimitem a rua, mas que se encaixem em qualquer parte da superfície. Como em La Carpa, tais construções podem ser feitas por meio da combinação de elementos pré-fabricados ou comuns, que serão unidos para compor estruturas mais complexas. Além disso, o termo *estrutura* pode ser estendido a elementos tais como postes de iluminação, árvores, vegetação móvel ou mobiliário urbano, conectados à superfície. A presença desses elementos na superfície urbana dependerá das atividades que ocorrerem no espaço. Todas essas estruturas farão parte de um sistema flexível e aberto, no qual as diferentes assemblagens respondem a momentos específicos no tempo.

O medo do espaço público tem levado pessoas, comunidades, autoridades locais, construtores e projetistas urbanos a estabelecerem limites fortes na rua entre o espaço privado e o público, em uma tentativa de fazer com que as pessoas se sintam mais seguras dentro de suas casas. Richard descreve esse sentimento da procura de um refúgio em casa em *The Conscience of the Eye* e examina como isso influencia a forma como as cidades são construídas[25]. Essa divisão entre o privado e o público é um dos fatores que dificulta o uso do espaço público. Divisas fortes que dão proteção aos edifícios, como cercas, muros ou entradas exageradamente protegidas criam um espaço público não convidativo, não favorável à reunião e às atividades públicas. O espaço público serve simplesmente para ir de uma função para outra.

Para combater esse efeito, as intervenções podem propiciar espaços de transição e de interação entre o privado e o público, oferecendo alguma plasticidade à rígida relação entre essas duas instâncias e encorajando as pessoas a começarem a se sentir mais confortáveis no espaço público, quando deixam suas casas.

O desafio aqui é: como deve ser traçado esse "limite" entre o privado e o público? Como o espaço da rua pode ser delimitado com êxito sem provocar isolamento? Esses limites devem evitar a construção de muros, vedações e outros elementos que obstruam a interação. Eles também precisam evitar intervenções que provoquem isolamento vertical entre os edifícios e a superfície urbana. Ao contrário, precisam ser estruturas que transformem esses limites em lugares para integração.

É necessário que esses lugares para a interação entre o privado e o público tenham as seguintes qualidades. Primeiro, eles devem ser limites porosos[26], com graus diferentes de privacidade, que permitam a audição, a visibilidade e a apreciação das áreas abertas. Por exemplo, ao delimitar os espaços abertos e os jardins nos conjuntos habitacionais modernistas, o enfoque deve ser a construção de estruturas que delimitem os jardins, mas, ao mesmo tempo, que não bloqueiem a visão, a participação em atividades desde o exterior e que estabeleçam pontos de acesso para o espaço aberto.

A segunda qualidade que as estruturas devem ter é abrigar atividades que interajam diretamente com a rua e os espaços abertos, trazendo vida para a rua. A ilustração da "seção transversal" mostra como esse espaço de transição pode abrigar uma variedade de atividades – espaços comunitários, esportes, uma cozinha comunitária, lugares para pequenos negócios ou espaços públicos cobertos para que as pessoas se sentem e relaxem juntas.

A terceira qualidade que as estruturas devem ter é facilitar o contato social. Como explicado, as configurações urbanas como aquelas no centro histórico de Sevilha, com ruas estreitas e edifícios baixos, propiciam maiores possibilidades para o contato social do que a Ville Radieuse, de Le Corbusier, com suas ruas largas e edifícios separados por mais de duzentos metros. No entanto, isso não significa que os desenvolvimentos urbanos modernistas devam imitar as configurações urbanas históricas. Pelo contrário, a fim de continuar com o exemplo da delimitação de espaços abertos em conjuntos habitacionais modernistas, a introdução dessas estruturas pode alterar as proporções da rua e cultivar uma escala humana ao colocar construções baixas como um espaço de transição entre a rua e as torres de apartamentos, como na ilustração "seção transversal".

Entender e promover essas conexões implica pensar na seção vertical como um lugar de reunião de edifícios e pessoas. Isso requer compreender o apego das pessoas a determinados bens comunitários, objetos no espaço público, árvores existentes, espaços verdes e outros aspectos materiais do ambiente construído. Por meio do entendimento dessas relações, as novas intervenções manterão a infraestrutura social e construída existente e melhorarão quaisquer lugares negligenciados. A criação desses ambientes implica concentrar a infraestrutura ao redor de espaços comunitários existentes e dotá-los de mais potencialidades. Isso pode transformá-los em espaços alternativos que escapam à imposição da ordem e às formas de tomada de decisão de cima para baixo. Tornam-se contraespaços que podem lidar com conflitos e têm uma natureza variável que permite a remontagem constante.

Muitos desses espaços não foram iniciados por autoridades locais, construtores ou projetistas – surgiram a partir de iniciativas comunitárias ou de ativistas locais. O caso da Westway é um exemplo de como esses espaços alternativos emergem. Quase cinco décadas após os primeiros protestos, o espaço ainda é contestado. Os moradores sofreram uma redução do espaço comunitário, a privatização de bens comunitários e a tragédia do incêndio da Grenfell Tower. Surgiram outros locais de contestação, como a ocupação de Bay 56, em Acklam Village, localizada sob a Westway, transformada em um espaço comunitário. Gerido pelos ativistas locais, é ele próprio uma colagem de materiais das campanhas, lutas, formas de solidariedade, iniciativas comunitárias e cultura locais. É um lugar em constante remontagem – usado para guardar doações para as vítimas de Grenfell, para eventos culturais, reuniões de campanha ou para mediação de conflitos. Esses espaços, que surgiram de lutas locais, podem ensinar os projetistas como construir essa colagem de elementos sociais e materiais que proporciona uma infraestrutura comunitária – social e física – na qual atividades e iniciativas podem ocorrer.

7 Processo e Fluxo

A construção do domínio público como um sistema aberto – como um processo – implica, em primeiro lugar, construir intervenções iniciais que criem condições para que as interações sociais ocorram. Isso significa lugares, infraestrutura coletiva ou outros objetos físicos que provoquem negociação, acordos, consciência coletiva e diferentes formas de interação – inclusive conflito – no domínio público. A partir dessas intervenções e interações iniciais, as pessoas podem estar mais bem preparadas para estabelecer diferentes formas de troca, uso e gestão coletiva do domínio público.

Em segundo lugar, construir o espaço público como um processo significa projetá-lo para a incerteza. As estratégias "abaixo", "acima" e na "seção vertical" exploraram como deixar o domínio público "incompleto"[1], permitindo atualizações e adaptações contínuas para futuros incertos. As estratégias também exploraram a disponibilização de elementos diferentes com potencialidades funcionais em vez de funções fixas, em que as atividades e interações do domínio público dependem das diferentes associações que ocorrem.

Esse tipo de espaço público tem o potencial para abrigar diversos usos, mesmo aqueles não imaginados pelo projetista. Isso implica que arquitetos e planejadores devam projetar para a indeterminação – propor um processo com múltiplas possibilidades. O projeto para a indeterminação enfrenta muitos desafios no momento de sua aplicação no local: as autoridades locais, os clientes, o público, os arquitetos e os planejadores normalmente não aceitam a indeterminação, uma vez que temem perder o controle da situação[2]. A incerteza é vista como um risco.

Entretanto, há uma janela de oportunidade aqui. As autoridades locais e outras instituições estão começando a considerar "processos de coprojeto" na criação de espaços públicos. Embora seja necessário ter cautela com o rótulo de processos participativos, uma vez que muitos deles envolvem práticas meramente simbólicas de inclusão[3], algumas autoridades locais estão explorando formas inovadoras de coprojeto e começando a aceitar o risco da incerteza.

Um bom exemplo é o processo do projeto da praça Stortorget, na cidade norueguesa de Hamar. A autoridade local organizou uma competição para reativar a praça por meio de intervenções artísticas. A proposta vencedora veio do escritório de arquitetura espanhol Ecosistema Urbano que, em vez de fornecer uma intervenção de arte urbana, propôs um processo participativo para o redesenho da praça[4]. Seu projeto não tinha resultados definidos, mas envolveu as pessoas na definição de suas visões para a praça. Nesse caso, tanto a práxis quanto a autoridade local – que selecionou essa proposta – aceitaram e se engajaram com a incerteza.

O processo do coprojeto participativo do Ecosistema Urbano em Stortorget envolveu as pessoas por uma série de ações urbanas de curto prazo e de eventos temporários, que tornaram as pessoas sensíveis às possibilidades do espaço público e as motivaram a participar no projeto coletivo da praça[5]. Isso demonstra como os processos podem encorajar a interação entre as pessoas e os espaços e, também, um sentido coletivo de conscientização. É, do mesmo modo, um bom exemplo da mudança emergente de um interesse em projetos concluídos para o interesse em um processo aberto que aceita a incerteza.

Arquitetos, projetistas urbanos e planejadores devem aprender a trabalhar com essa incerteza. É necessário pensar cuidadosamente sobre as diferentes etapas do processo do projeto e os resultados possíveis de cada etapa[6]. Além disso, essas etapas não devem ser parte de um processo linear para alcançar um fim único, mas, em vez disso, ser um processo não linear que pode recomeçar ou retroceder para uma etapa prévia a qualquer momento. As etapas podem trabalhar simultaneamente, se sobrepor e compor umas com as outras. Por essa razão, em vez de apresentá-las como uma sequência, apresento-as como dois processos que se sobrepõem: projetar para a interação e projetar para a indeterminação.

PROJETAR PARA A INTERAÇÃO

Os processos de coprojeto podem "falhar" em diferentes etapas. Mas o que queremos dizer com "falhar"? Um processo de coprojeto falha quando as pessoas não se envolvem – ou deixam de se envolver – com as intervenções no domínio público. Essa falta ou fim do envolvimento pode acontecer em diferentes etapas do processo.

A falta de envolvimento pode ocorrer bem no começo do processo, quando as pessoas não apoiam as intervenções iniciais. Isso acontece quando as autoridades locais (ou outras organizações) contratam arquitetos ou projetistas urbanos para desenvolverem intervenções de "criação de lugares qualificados para viver" (*placemaking*) no domínio público, com o objetivo de ativar esses espaços e encorajar seu uso pelas pessoas. Se essas intervenções iniciais não considerarem cuidadosamente as atividades existentes, as organizações comunitárias e as preocupações locais, há uma grande probabilidade de que elas não provoquem o envolvimento desejado. Os moradores, especialmente se tiverem disputas prévias com a autoridade local ou com a organização que encomendou o projeto do espaço público, podem ver essas intervenções como alheias e sentir que eles não foram levados em considerção.

Nos casos em que as intervenções iniciais conseguem gerar novas negociações, o envolvimento dos moradores e formas de interação social, o processo ainda assim pode "falhar". Mesmo após um período de envolvimento com arquitetos, projetistas urbanos, autoridades locais, organismos de financiamento ou outras organizações no processo do coprojeto, a intervenção inicial pode perder seu impulso se o processo não levar em conta de que forma as interações sociomateriais serão mantidas ao longo do tempo. As negociações e as diferentes formas de interação podem cessar, as atividades no domínio público podem deixar de ocorrer devido à falta de financiamento e as intervenções iniciais são passíveis de cair no esquecimento. Em outras palavras, o espaço público que foi envolvente por certo tempo se tornará um sistema fechado.

Como as intervenções iniciais envolvem as pessoas no começo do processo? Como as intervenções físicas (explicadas nos capítulos anteriores) provocam negociação e diferentes formas de interação? Como as interações sociomateriais geradas são sustentadas ao longo do tempo? As estratégias a seguir exploram como abordar essas questões.

O primeiro passo deve ser a compreensão da infraestrutura social e física existente do lugar para partir daquilo que já está lá[7]. Um exemplo disso é o projeto "Making Space in Dalston", de J&L Gibbons e muf architecture/art, que eles fizeram para o bairro londrino de Hackney, o LDA Design e o Design for London. O projeto afasta-se da ideia tradicional do "plano diretor" e propõe um processo para melhorar os espaços públicos e a infraestrutura comunitária de Dalston, partindo das condições existentes.

O projeto propôs um processo em três etapas, consistindo dos seguintes princípios: "valorizar o que está lá", "cultivar o possível" e "definir o que está faltando"[8]. A maior parte do seu relatório é uma análise dos espaços públicos existentes, da infraestrutura comunitária e das atividades que acontecem em Dalston. Esse conhecimento abrangente das condições sociais e físicas em Dalston permitiu uma proposta que respeitou seus espaços e as atividades, aprimorando-os por meio de pequenas intervenções.

Se a primeira etapa do processo é a "compreensão", quais são as relações sociais e físicas a que os projetistas urbanos precisam prestar atenção? Primeiro, é necessário entender o envolvimento das pessoas com o domínio público e com a infraestrutura comunitária existente. Isso inclui bibliotecas; espaços comunitários; instalações educativas; espaços culturais; lugares nos quais as pessoas se encontram (alguns locais podem ser privados) e lugares com os quais as pessoas têm uma ligação especial devido a lembranças e eventos passados. É importante compreender a ligação das pessoas a esses lugares, como elas utilizam os espaços e sua participação sua na criação.

Também é necessário compreender as atividades que acontecem na área. Essas podem ser uma cozinha comunitária, um grupo de recreação infantil, jardinagem comunitária ou agricultura urbana, atividades religiosas, eventos locais ou outras formas de encontro social. Ligado a essas atividades, também é preciso entender as relações existentes de solidariedade e de troca. Podem ser processos em que as pessoas apoiam umas às outras em coisas específicas, como cuidar de crianças, ensinar e aprender, preparar comida ou fazer companhia, o que pode ou não implicar troca financeira. Podem ser também certos acordos e negociações que as pessoas têm para o uso de certos espaços ou recursos. Todos esses aspectos constituem interações sociomateriais existentes que podem servir de base para as intervenções iniciais.

É crucial, também, compreender a história do envolvimento da comunidade no planejamento e ativismo na área. Aprender que infraestruturas comunitárias e espaços públicos resultaram da reivindicação de utilização pública por parte da população local. É também fundamental conhecer e envolver os grupos de interesse comunitário, ativistas e campanhas na área. Muitos desses grupos podem ter gastado anos fazendo campanhas por questões relacionadas a esses espaços públicos e infraestruturas.

Essa pesquisa é essencial antes de começar o processo. Ao saber quais coisas, lugares e edifícios têm um valor especial para as pessoas, as estratégias serão capazes de garantir que tais espaços e seu valor sejam mantidos e valorizados. Há espaços que podem não se mostrar atraentes aos olhos do arquiteto, ou que alguns considerem "obsoletos" antes da execução de uma pesquisa abrangente. No entanto, eles podem ser os pontos de encontro de certos grupos e a perda desses lugares deixaria grupos de pessoas e minorias sem ter onde se encontrar ou de desenvolver relações de troca.

Em Londres, esse tem sido o caso de mercados, como o Seven Sisters, na região norte de Londres, ou o shopping center Elephant and Castle – cada um dos quais vende comida e produtos muito específicos para comunidades latino-americanas e funciona como um ponto de encontro para essa população. Esses lugares estão sob ameaça de demolição e deslocamento[9]. São infraestruturas comunitárias valiosas que as propostas deveriam respeitar e melhorar, em vez de eliminar.

Além disso, o conhecimento das atividades existentes e das relações de solidariedade e troca em uma área pode permitir propostas que aprimorem esses elementos – alguns dos quais podem estar ocultos, sem recursos suficientes, ou não ter as instalações necessárias para desenvolver seu pleno potencial. No entanto, é importante não fazer suposições sobre o que é necessário em uma situação específica. Tentar formalizar atividades informais simplesmente removendo as instalações precárias e substituindo-as por novas e reluzentes frequentemente acaba com esses processos informais. Em vez de substituir suas instalações, é essencial trabalhar em colaboração com aqueles que fazem uso dessas instalações para conhecer suas necessidades reais.

Existem lugares que têm uma longa tradição de ativismo comunitário, envolvimento nas decisões de planejamento e criação de espaços públicos e de infraestrutura de baixo para cima. Certos espaços comunitários podem ser o resultado de anos de campanha e de iniciativas populares. Outros lugares podem ser fundamentais para que ocorram certas atividades que apoiem uma infraestrutura comunitária valiosa. Esse é o caso da cozinha comunitária de Granville, no conjunto habitacional South Kilburn, região norte de Londres, que prepara gratuitamente comida saudável para os residentes do conjunto e todos os que comparecem aos seus encontros, realizados na maioria das sextas-feiras em The Granville, um centro comunitário que esteve sob a ameaça de regeneração nos últimos anos[10]. Essa infraestrutura social – que permite aos moradores interagirem, terem companhia e acesso a comida saudável – é de grande valor e deveria ser apoiada, em vez de combatida.

As comunidades com uma história forte de ativismo, ou os grupos que organizam atividades locais, detêm um conhecimento poderoso que é de grande valor para os projetistas urbanos. A parceria com esses grupos no processo de fornecimento de novos espaços públicos e de infraestrutura comunitária aprimora as interações sociomateriais existentes e inicia novas.

Contudo, há lugares em que essas formas fortes de conexão podem não existir ou estar latentes. As pessoas podem não estar envolvidas com seus espaços públicos e infraestrutura comunitária. A tendência para responder a essa falta de envolvimento coletivo tem sido eliminar os bens públicos, como as bibliotecas públicas ou os salões comunitários. Em vez de remover esses espaços, as estratégias devem se concentrar em permitir novas interações: encorajar as pessoas ao envolvimento com os espaços públicos, os objetos materiais, os bens comunitários e outros elementos do bairro.

Essas interações podem surgir quando as intervenções provocam novas negociações na forma de usar, interagir e gerir os recursos infraestruturais, os espaços e os elementos materiais compartilhados. Quando as negociações são necessárias para usar os recursos e espaços compartilhados, a interação social torna-se um componente essencial do domínio público. As disrupções propostas na infraestrutura e no espaço público requerem uma gestão coletiva. Essas disrupções podem mudar o entendimento das pessoas sobre o que é necessário – passando de uma consciência individual do consumo de recursos para uma compreensão coletiva da sua geração, gestão e consumo.

Os novos componentes coletivos exigirão que as pessoas negociem acordos de uso de maneira semelhante a situações de escassez ou de colapso de infraestrutura[11]. Por exemplo, a instalação de painéis solares nas coberturas dos edifícios em um conjunto habitacional para a produção de energia de propriedade comunitária pode gerar esses tipos de negociações e discussões sobre infraestrutura. Se os moradores são coproprietários de uma infraestrutura valiosa, como os painéis solares, isso irá inevitavelmente motivar relações, acordos e diálogo sobre como fazer uso dessa energia, quem pode beneficiar-se dela e o que fazer com a receita que ela gera.

Em Londres, a organização sem fins lucrativos Repowering London promove projetos de produção de energia comunitária e tem ajudado moradores a levantar fundos e instalar seus próprios painéis solares em seus conjuntos habitacionais. Seus primeiros projetos foram no já mencionado Loughborough Estate, em Brixton, região sul de Londres, onde auxiliaram a instalar painéis solares nas coberturas dos blocos residenciais. Parte da energia gerada é usada para alimentar as instalações comunitárias e o restante é vendido para a rede. Parte da receita gerada é colocada em um fundo comunitário, utilizado para organizar atividades e melhorar a eficiência energética[12].

Outros projetos, como o de Banester House Estate, em Hackney, região leste de Londres, também estabeleceram cooperativas tendo os residentes como diretores[13]. A criação dessas infraestruturas de propriedade comunitária não só estimula a geração de energia mais limpa e de maior autonomia em relação às grandes corporações de energia, mas também a consciência coletiva da infraestrutura, novas formas de associação, reuniões, discussões e acordos sobre como gerir a energia gerada.

As intervenções no espaço público também podem gerar tais negociações. Para essas intervenções, o envolvimento requer certos acordos coletivos, tomadas de decisão ou gerenciamento. Os acordos possibilitam estabelecer como a superfície urbana, equipada com infraestrutura e outras qualidades/capacidades, deve ser usada para desenvolver atividades no domínio público. Para fomentar esses debates, os projetistas urbanos devem incorporar condições iniciais no intuito de criar acordos coletivos e sistemas de gestão do domínio público. Essas condições podem ser instauradas no processo de interação com os grupos locais existentes.

O surgimento de novas negociações e de formas de gestão coletiva pode ser testado por meio de pequenas intervenções. A introdução de uma infraestrutura ou de um recurso coletivo, como a energia solar de propriedade comunitária ou uma parcela do terreno que necessite de manutenção coletiva, pode mostrar quais acordos as pessoas estabelecem primeiro e quais os tipos de interação que surgem.

A introdução de elementos disruptivos para estimular tais negociações precisa partir de formas existentes de associação e repartição de recursos. Isso pode envolver os coletivos, os grupos de bairro, as campanhas para defender ou salvar um bem comunitário, ou outros grupos e indivíduos. Também é útil compreender as exigências ou mesmo antecipar as necessidades que essas coletividades possam ter: mais iluminação pública, combate à falta de energia para os mais pobres, ou certas instalações no domínio público que permitam uma maior diversidade de atividades comunitárias.

A abordagem a essas necessidades coletivas e públicas por meio de infraestruturas compartilhadas ou de uma superfície urbana compartilhada pode trazer novas formas de governança. Essas intervenções iniciais exigirão que as pessoas negociem e estabeleçam acordos prévios sobre o que fazer com os recursos gerados, quem pode consumi-los, e os tipos de trocas implicadas na sua geração/consumo. Elas exigirão também acordos e protocolos sobre como utilizá-los e como interagir com o domínio público no tocante às atividades comunitárias. As disrupções iniciais são uma forma de experimentar a abertura e a incerteza, de descobrir formas de gestão e governança coletivas. Esses primeiros experimentos de gestão coletiva evoluirão com o tempo, no processo de abertura do sistema, e acolherão futuras intervenções infraestruturais.

As formas de interação, associação, discussão e acordo que surgem dessas intervenções iniciais estabelecerão um sistema no qual existem relações fluidas de troca.

Por exemplo, a rede municipal e as infraestruturas coletivas mantêm uma certa relação, na qual as infraestruturas coletivas têm a capacidade de trocar recursos com a rede municipal, que tem a responsabilidade de redistribuir recursos e garantir igualdade de acesso às infraestruturas e aos espaços públicos. Embora isso possa criar uma estrutura hierárquica entre a rede municipal e as infraestruturas coletivas, há ainda possibilidades para abertura, formas alternativas de governança e trocas fluidas na microescala.

Essas formas fluidas de troca têm lugar tanto na infraestrutura "abaixo" quanto na superfície "acima". As pessoas se conectam a pontos na superfície que têm a funcionalidade para desenvolver a atividade que elas querem. Isso gerará relações fluidas de troca das quais todos podem participar.

Como a infraestrutura e a superfície coletivas estão abertas para todos, essas trocas fora da rede municipal necessitam de algum tipo de gestão e governança para funcionar. Ao pensar sobre como construir, gerir e manter esse tipo de infraestrutura, surgem três questões: Para quem é isso? Quem paga por isso? Quais são os acordos estabelecidos? Responder a essas três questões implica chegar a acordos sobre como conseguir essa troca de recursos fluida e na escala micro. A infraestrutura coletiva tem dois tipos de objetos para gerir: a captação de recursos e os pontos finais de consumo.

A captação de recursos precisará de um investimento inicial, que pode ser por meio de coinvestimento com as autoridades locais, por investimento cooperativo/mútuo e/ou por intermédio de financiamento específico ou planos de financiamento para energias renováveis. Quando a infraestrutura inicial estiver instalada, os recursos gerados poderão ser usados para o consumo próprio. No caso da geração de energia, um dos primeiros acordos a serem feitos será a decisão de o que fazer com o excedente de energia gerada. Quando conectadas à rede municipal, as comunidades podem vendê-la à distribuidora, recuperando o investimento inicial e pagando pela energia consumida em outras épocas do ano, quando a autogeração não é suficiente.

Esse é o processo comum. No entanto, há outra possibilidade para uma troca de recursos mais fluida e informal, que envolve a distribuição do excedente de energia por meio de "terminais" no espaço público. Os terminais distribuiriam parte do "excedente"; no entanto, assim que o coletivo decidir quanto dele irá para os terminais, deve na sequência acordar sobre as "regras" para essa troca fluida.

Para que o sistema seja aberto, a troca deve estar disponível para todos, não apenas para os membros do coletivo. Por exemplo, em um sistema público de aluguel de bicicletas, as pessoas têm a permissão para liberá-las e utilizá-las por um certo período. A infraestrutura coletiva pode usar uma tecnologia semelhante, que dá acesso aos recursos a qualquer pessoa em troca de algo; isso torna o acesso mais fácil e mais rápido para aqueles que são membros da cooperativa e interagem com ela regularmente.

Porém, se reduzirmos isso a uma troca monetária, o sistema não seria muito diferente daquele de muitos aplicativos e *startups* que estão surgindo atualmente. Como essa troca pode ser mais aberta?

Na infraestrutura proposta neste ensaio, os coletivos podem trocar bens, recursos e serviços sem necessidade de um intermediário ou de troca monetária. Os recursos infraestruturais podem ser trocados por diferentes tipos de contribuições para a comunidade. Ao fazer isso fora da rede municipal, os coletivos podem permutar seu "excedente" por serviços ou bens que beneficiem a cooperativa e contribuam para sua melhoria contínua.

Um exemplo dessas formas alternativas de troca é a "moeda social". Exemplos como o de Brixton Pound, região sul de Londres, ou o de Puma, em Sevilha, Espanha, são iniciativas de base para implementar moedas alternativas, que permitem às pessoas trocarem bens e serviços ou comprarem em negócios locais sem uma transação monetária regulamentada. No caso de Brixton Pound, o objetivo da moeda alternativa é promover os negócios locais e protegê-los das grandes cadeias de lojas[14].

Ao ter uma moeda local (em que o câmbio é de 1:1 em relação à libra esterlina) que é aceita apenas pelos negócios locais, eles garantem que o dinheiro seja gasto nesses negócios de Brixton. O caso de Puma, no bairro histórico ao norte de Sevilha (Casco Norte), é diferente do de Brixton Pound e mais próximo do tipo de troca que eu proponho aqui. Trata-se de um sistema de comércio de troca local (Local Exchange Trading System – LETS), em que não há notas ou moedas. As pessoas trocam serviços, bens e responsabilidade de cuidados sem necessidade de dinheiro. Em vez disso, usam duas plataformas digitais para saber quantas "pumas" eles têm ou devem para fazer a troca[15]. Um dos objetivos da moeda é "conhecer melhor as pessoas do bairro e seu entorno"[16], o que acontece por meio dessas relações de permuta.

PROJETANDO PARA A INCERTEZA

Como projetar para a incerteza? Na sua essência, cada proposta de projeto urbano é uma tentativa de lidar com resultados incertos. Não é possível prever como as pessoas se envolverão com um espaço público ou se comportarão em público, que atividades acontecerão e se um espaço público será intensamente usado ou não. Do ponto de vista tradicional, o planejamento urbano tem tentado controlar essa incerteza atribuindo funções a territórios, edifícios e espaços públicos, ou implementando outras medidas projetuais que impeçam certos comportamentos: grades para que as pessoas não acessem certos espaços, superfícies pontiagudas para evitar que a população em situação de rua durma no chão ou bancos individuais separados uns dos outros para evitar sua junção.

Vamos considerar um enfoque diferente à incerteza, em que o domínio público não tenha funções atribuídas, porém várias capacidades funcionais. Essas funções não são predeterminadas, mas dependem da maneira em que as pessoas se envolvem com os elementos físicos do domínio público, com formas específicas de gestão, com políticas formais de planejamento, ou com outros modos informais de governança[17]. É a isso que me referi quando propus a construção de um espaço público "incompleto"[18], que permite adaptação contínua às circunstâncias em transformação, retificação e atualização.

Projetar para a incerteza é um desafio. As autoridades locais, as organizações do terceiro setor, os clientes privados, planejadores, arquitetos e, com frequência, até mesmo comunidades não se sentem confortáveis com resultados imprevisíveis. No geral, as pessoas temem o desconhecido. A incerteza é vista como um risco e os riscos devem ser mitigados em qualquer proposta urbana. Esse é um desafio enfrentado pelos projetistas urbanos dispostos a propor intervenções que deixam espaço para a incerteza e a improvisação. Em algumas ocasiões, essas propostas são descartadas no processo de projeto por serem excessivamente arriscadas ou para evitar resultados que não possam ser controlados.

Assim, uma das principais questões que os projetistas urbanos precisam abordar é: como transformar esse risco e a incerteza em algo positivo? O risco pode ser administrado em vez de mitigado. Uma incerteza pode ser apresentada como uma oportunidade em que o *processo* traga benefícios que vão além daqueles do resultado final. Sempre que as pessoas estão ativamente envolvidas em um processo, uma das principais consequências é que ele se torna um processo de aprendizado para todos os envolvidos, dos moradores e comerciantes locais aos projetistas, planejadores e autoridades locais. Os projetistas urbanos devem apresentar essa experiência de aprendizado como um resultado ao proporem esse tipo de processo a autoridades locais ou a outros clientes.

A consequência desses processos é uma maior conscientização das pessoas no que tange a questões do planejamento e um maior envolvimento com seu ambiente. Nesse processo, as autoridades locais também se beneficiam, aprendendo como responder às demandas das pessoas. Os processos experimentais para a participação de moradores, tal como a plataforma digital lançada por municipalidades como Barcelona e Madri, em que as pessoas propõem, comentam e votam em projetos para a cidade, envolveram um processo de aprendizagem para as autoridades locais. Sempre que os arquitetos e os planejadores se engajam em um processo de coprojeto, aumentam seu conhecimento de como seus projetos respondem às demandas das pessoas e de como melhor interagir com o público.

Além desses resultados de aprendizado, um processo aberto com espaço para a incerteza é uma oportunidade para expandir e experimentar diferentes formas de democracia, em que as decisões não são fixas, mas sim flexíveis a mudanças de acordo com o envolvimento das pessoas com o ambiente construído. Um processo aberto permite adaptação contínua, *feedback* e modificação.

A questão que precisa ser abordada é: como os projetistas urbanos podem engendrar essa "desordem"?

Prover as condições para estabelecer um "sistema para a incerteza" alinha-se com as estratégias para projetar as interações sociomateriais explicadas acima. Mais especificamente, essa estratégia afeta a parte do processo que vai desde as intervenções iniciais para suscitar novas negociações até o estabelecimento de um sistema no qual há relações fluidas de troca. Atua ao propiciar etapas seguintes que continuem as intervenções iniciais e construam um sistema que possa gerir a incerteza e adaptar-se a futuros imprevisíveis. Essencialmente, esse sistema para a incerteza pode ser alcançado pela construção de infraestruturas e de espaços públicos que sejam flexíveis.

Propus a construção de infraestruturas coletivas que se sobrepõem e interagem com o sistema infraestrutural existente. Em vez de propor a substituição, sugiro acrescentar novas infraestruturas que podem ser facilmente modificadas e atualizadas. Essa nova camada infraestrutural passa de uma infraestrutura de "caixa-preta"[19] para outra que pode ser facilmente compreendida (e mesmo transformada) por coletivos e indivíduos. Formas coletivas de infraestrutura, como os painéis solares de propriedade comunitária, são um acréscimo aos sistemas infraestruturais existentes e dão às pessoas mais autonomia e consciência da energia que consomem e podem produzir. Essas formas de infraestrutura possibilitam atualizações e adições sem necessidade de efetuar grandes mudanças infraestruturais e, como explicado, permitem novas formas de ação coletiva e de associação.

Em conexão com a infraestrutura, propus a construção de um piso modular que pode ser montado, desmontado e remontado de diferentes maneiras. Propus conseguir essa modularidade e flexibilidade por meio da construção de um piso técnico de uma forma similar aos construídos nos espaços de escritórios, com acesso fácil e direto à infraestrutura coletiva. Uma vez que as intervenções infraestruturais iniciais tenham provocado as primeiras negociações comunitárias e formas fluidas de troca, o processo de construção de um "tapete" infraestrutural sobre a superfície existente pode acontecer. Uma superfície modular pode ser construída sobre a existente e implementada pouco a pouco. Uma vez que o piso técnico contém apenas infraestruturas coletivas, sua tubulação e instalações pressupõem a elevação da superfície em apenas alguns centímetros.

Também propus elementos verticais para a superfície urbana que podem ser montados, desmontados e remontados: postes passíveis de serem encaixados no pavimento (equipado com buracos e fundações), diversos abrigos que são fáceis de montar e construções modulares para abrigar atividades no topo. Esses elementos podem ser autoconstruídos (ou requererem apenas um pequeno suporte técnico e tempo para a construção) e alterados facilmente, de acordo com as necessidades das pessoas.

As intervenções explicadas neste livro introduzem a condição da temporalidade na esfera pública e fornecem dispositivos, sistemas construtivos e instalações que permitem sua autogestão. Essa condição temporal é introduzida por meio do sistema flexível explicado previamente, que possibilita uma multiplicidade de usos do espaço público e fornece às pessoas a capacidade de adaptá-lo a diferentes situações: clima, estações do ano, fins de semana e feriados e eventos de duração e intensidade variáveis. O sistema aberto resultante tem a possibilidade de crescer em diferentes direções e evoluir de acordo com as ações e negociações da comunidade. A autogestão pode ser alcançada fornecendo condições iniciais ou "regras" que podem ser modificadas de acordo com as decisões comunitárias. Essas negociações provocam o tipo de associações e relações sociais que as estratégias pretendem cultivar.

Cada intervenção urbana exposta neste livro tem resultados imprevisíveis. Essa incerteza torna necessário que cada etapa do processo seja seguida por *feedbacks* contínuos. O *feedback* deve ocorrer após cada uma das estratégias "abaixo", "acima", na "seção vertical" e no "processo".

O *feedback* é o que faz a infraestrutura e o espaço público serem adaptados, atingirem um bom nível de reparação e de manutenção, crescerem ou diminuírem, serem acrescidos de novos elementos; as partes que não funcionam bem podem ser corrigidas, removidas, substituídas ou atualizadas. Historicamente, a infraestrutura tem sido melhorada e atualizada após grandes rupturas[20]. Da mesma forma, as intervenções propostas neste livro podem ser continuamente melhoradas e adaptadas em resposta aos *feedbacks*.

É possível que as estratégias descritas neste ensaio não necessariamente funcionem conforme o sugerido. Elas fornecem possibilidades, não certezas. O *feedback* contínuo é fundamental para ver se as estratégias provocam negociações e interação positiva, e faz com que as pessoas se sintam confortáveis em situações desconhecidas. O *feedback* contínuo é necessário para continuar reescrevendo essas páginas.

O sistema flexível proposto neste ensaio permite esse *feedback* contínuo e, da mesma forma, possibilita a adaptação e a transformação em resposta a esse *feedback*. Ele proporciona formas coletivas de governança, em que as pessoas se envolvem diretamente na modificação e no cuidado do entorno, assim como na tomada de decisões. O sistema inclui seu próprio mecanismo para a coleta de *feedbacks* e para as respectivas respostas.

A coleta de *feedback* pode ocorrer por meio de reuniões sociais, assembleias ou plataformas digitais, como a que foi implementada em Madri. Plataformas como o fórum digital Decide Madrid[21] – no qual as pessoas podem propor, debater e decidir sobre melhoramentos, intervenções ou mudanças – foram implementadas em várias cidades espanholas nas quais as iniciativas municipalistas venceram as eleições, em 2015[22]. Essas plataformas ainda estão numa fase experimental, as decisões são tomadas por meio de votação direta *on-line* e deixam pouco espaço para chegar a acordos coletivos. Elas também funcionam no âmbito de grandes cidades como Madri, o que torna as formas diretas de democracia mais desafiadoras. No entanto, em combinação com outras formas de tomada de decisão coletiva, e trabalhando numa escala menor, elas têm um potencial poderoso para fornecer *feedback* em tempo real sobre como a infraestrutura e o espaço público podem ser continuamente melhorados[23].

Para propiciar qualquer tipo de *feedback*, é necessário direcionar recursos para isso. As estratégias devem incluir mecanismos que permitam aos grupos de trabalho ou às reuniões a coleta de *feedback* e respondam a ele, a fim de estabelecer formas de autogestão que possam ser mantidas ao longo do tempo, e/ou construir plataformas digitais nas quais os *feedbacks* possam ser recebidos (muitas dessas plataformas são desenvolvidas como fonte aberta)[24] e onde haja mecanismos e financiamento para as respectivas respostas.

Uma estratégia urbana não termina quando a intervenção física acontece, ela precisa incluir um mecanismo de *feedback*, de reparo e de manutenção que possa ser mantido no futuro. Isso é algo que as autoridades locais, as organizações comunitárias, os construtores e os projetistas urbanos precisam levar em conta: mecanismos, financiamento e recursos para o *feedback* e a resposta são uma parte fundamental das estratégias.

Este ensaio expôs a maneira de construir um espaço público e sua infraestrutura como um sistema aberto. Explanou que as intervenções iniciais que provocam as negociações e novas formas de associações têm a capacidade de abrir um sistema fechado e desenvolver "relações fluidas de troca". Essas relações sociomateriais podem configurar um sistema com a capacidade de gerir incerteza, composto pela soma de partes diferentes, em que novas partes podem ser adicionadas ou substituídas em resposta ao *feedback*. Os assentamentos informais, que possuem uma estrutura orgânica e cuja materialidade é composta de uma construção de múltiplos elementos de granularidade fina[25], têm essa capacidade de estar em contínua mudança. A composição em granularidade fina dos materiais e estruturas permite a adaptabilidade e a substituição de diferentes elementos. As infraestruturas, os sistemas de pavimento, as estruturas e os abrigos propostos neste ensaio podem aprender com essa estruturação de granularidade fina.

O sistema proposto aqui inclui mecanismos para sua autogestão, baseados nessas "relações fluidas de troca" e na sua capacidade de adicionar e substituir partes. Os capítulos "abaixo", "acima" e "desordem na seção vertical" descreveram essas partes: um piso técnico; terminais; uma superfície modular; elementos verticais que podem ser encaixados na superfície; e outros componentes que permitem acréscimos e atualizações constantes. O capítulo "processo e fluxo" expôs como esses componentes provocam interações sociomateriais e criam um sistema que pode gerir a incerteza. No entanto, a autogestão não significa que nenhuma intervenção futura será necessária. Ao contrário: a construção de infraestruturas e de um espaço público como um sistema aberto precisa levar em conta que esse sistema está em um estado contínuo de fluxo e que devemos estabelecer mecanismos e recursos para a introdução de novas contribuições, conectando novos elementos, criando assemblagens e atualizando o espaço público de acordo com o *feedback* obtido.

Para manter a infraestrutura e o espaço público em movimento e evitar que se tornem um sistema fechado, é necessária a repetição contínua das diferentes etapas do processo. Como explicado no início deste capítulo, o conjunto de estratégias proposto aqui não é uma sequência linear, mas sim um processo não linear em que as diferentes etapas se sobrepõem, podem acontecer simultaneamente, em que certas etapas podem ser puladas ou trocadas a depender da situação, e em que o processo pode retornar a etapas prévias e seguir repetindo diferentes etapas. Uma vez que as infraestruturas para a desordem funcionam como um sistema aberto, elas não podem atingir um estado de equilíbrio.

PARTE III
DESFAZER E FAZER

Pablo Sendra
e Richard Sennett.

Moderador: Leo Hollis

LEO HOLLIS: *Estou pensando no contexto político e social do* The Uses of Disorder, *lançado há cinquenta anos. Ele parece ter surgido num momento de mudança que, por um lado, foi um momento de revolução e, por outro, o início da era neoliberal. Então, como o livro se insere nesse tipo de relação? E como é que ele, cinquenta anos depois, se torna tão relevante novamente?*

RICHARD SENNETT: No final dos anos 1960, o local foi em boa parte suplantado pelo financiamento e pelas empresas de construção nacionais. Nos cinquenta anos subsequentes, o desenvolvimento local foi sucedido pelo global. O financiamento da maioria dos projetos urbanos é agora uma operação de Wall Street, e os investidores são do mundo todo.

O que se mantém constante é o desejo do capital de transformar uma cidade em um produto, que possa ser entendido e vendido como um pacote e não como um processo. Como resultado, os desenvolvedores urbanos compram e negociam especificações. Não há interesse, sob o capitalismo, em investir em lugares.

Portanto, a escala mudou. No entanto, o urbanismo continua sendo um exercício de capital monopolista, seja ele nacional ou global.

PABLO SENDRA: Posso ver aqui dois paralelos: um oriundo dos movimentos políticos e sociais, e o outro de um processo de renovação urbana. Quanto à questão dos movimentos sociais, vejo certas semelhanças entre o que acontecia na nova esquerda e nos movimentos sociais pós 1968, e o que aconteceu depois da crise financeira global com os movimentos sociais como o 15-M na Espanha e outros na Europa e nos EUA. Depois disso, alguns movimentos sociais tornaram-se políticos e surgiram outros movimentos políticos, como o Barcelona en Comú, que eu discuto no livro.

Posteriormente, no contexto da renovação urbana, nas décadas de 1960 e 1970, autores como Jane Jacobs ou Richard Sennett discutiram como os processos de renovação urbana estavam destruindo a alma da cidade ao impor determinadas ordens. Nesse caso, o projeto urbano modernista pretendia remover a desordem da cidade e fazê-la funcionar como uma máquina, com todas as suas partes trabalhando conforme o planejado.

Hoje, o tipo de ordem que está sendo imposta é diferente, e está relacionado ao que Richard afirmava. Os processos de renovação urbana são influenciados pelos investidores financeiros globais. Como consequência, as pessoas que vivem em habitações sociais estão sendo deslocadas e suas habitações demolidas para construir novos empreendimentos de moradias para pessoas de renda média e casas de luxo. Entretanto, muitas moradias estão sendo compradas por investidores globais.

RS: Quando eu estava escrevendo, cinquenta anos atrás, as pessoas ainda tinham fé na arquitetura modernista, como ainda tinham aquela fé da Bauhaus de que a arquitetura modernista era uma maneira de resistir à hegemonia econômica global. Se você construísse um edifício do Walter Gropius, você estaria construindo algo que humanizava uma fábrica.

Em Harvard, onde eu estudava urbanismo no final dos anos 1960, a pureza da forma ainda era vista como algo que tinha esse impacto político... nós não acreditamos mais nisso. E o que aconteceu desde então foi, receio, uma dúvida crescente sobre esse projeto modernista. Porque esse projeto falhou no seu compromisso com a experimentação. Assim, o objetivo deste livro é desenvolver uma cidade que seja muito mais experimental, cujas formas permitam uma variedade de experiências acima do solo.

LH: The Uses of Disorder *enquadra-se numa gama de diferentes pensadores que propunham ideias sobre qual era a relação entre o planejamento, o projeto e a forma urbana. E assim, no livro, você menciona Jane Jacobs e Oscar Newman. Essa foi também a mesma época da teoria das janelas quebradas. Todos compartilham a crença de que a arquitetura tem um impacto – que ela tem um projeto tanto político quanto social, mas cada um chega a um conjunto diferente de resultados. Então, o que está no cerne dessa relação?*

RS: O lado obscuro do pensamento de Jane [Jacobs] era o pensamento de Oscar Newman; ambos acreditavam em um regime de vigilância. A noção de Jacobs dos "olhos da rua" é um regime de vigilância. O policiamento da rua me deixa extremamente desconfortável, por mais que tenha admirado o trabalho de Jacobs.

A glória de viver na cidade é que você está livre de ser controlado por um *nomos* – uma cultura do comportamento correto. Em vez de olhos, prefiro ter mais pessoas perdendo tempo na rua. É uma experiência muito diferente de um corpo coletivo. O primeiro ordena, o segundo reúne.

Se havia alguma coisa original no meu livro, era a proposta de reunir as pessoas, por mais desordenada que fosse a sua reunião. Essa proposta tem suas origens nas incursões de Baudelaire na noite parisiense e nas explorações de Moscou por Walter Benjamin. Ambas, a ordenação e a reunião são locais, físicas, face a face – mas os regimes escópicos são muito diferentes.

LH: *E como isso se enquadra entre a* cité *e a* ville, *a cidade como um lugar físico, e a cidade como um conjunto de práticas?*

RS: A distinção aqui é entre o ambiente físico construído e as maneiras em que as pessoas o habitam. Para Jacobs, e para a maioria dos planejadores radicais na década de 1960, a noção era a de que você precisava libertar as pessoas das ideias dos planejadores sobre como a *ville* deveria ser projetada. A construção deveria seguir a habitação. Isso é muito ingênuo sociologicamente. Naquela época, como agora, os condomínios fechados eram a preferência mais popular. A ideia era fugir da diferença; e o que uma cidade *deveria* fazer é precisamente colocar juntas as diferenças, mesmo que elas conflitem.

Nas décadas em que trabalhei para as Nações Unidas, o que mais me entristecia era ver que quando as pessoas na China, em partes da Índia e no Oriente Médio recebiam dinheiro, seu primeiro impulso era: quem nós podemos manter de fora?

PS: Quando li o seu livro, achei-o especialmente inovador na forma como diferia das abordagens de Newman e de Coleman, que queriam restringir o uso do espaço público. Seus enfoques tinham a ver com medidas preventivas e a eliminação dos comportamentos viciosos – enquanto a sua abordagem era oposta: abrir-se a esses comportamentos e mudar a abordagem das pessoas ao exterior, ajudando-as a enfrentar o desconhecido. Isso me inspirou a fazer desenhos, e comecei a pensar sobre, quando desenhamos e quando imaginamos o projeto urbano, como poderemos imaginar o projeto urbano de uma forma que permita a interação imprevisível e que ajude as pessoas a superar o medo frente ao desconhecido?

RS: Lembrando, os anos 1960 foram uma década de tumultos raciais, e isso está no fundo das mentes dos planejadores – embora colocar cem mil policiais na rua não seja uma forma de lidar com a injustiça racial. E mais uma vez, chegando até o presente, o movimento dos Gilet Jaunes (Coletes Amarelos) na França está revivendo alguns dos mesmos tropos. Estamos ouvindo os mesmos tipos de coisas, como: não podemos realmente receber pessoas em demasia que estão em lugares aos quais não pertencem, porque a violência é o resultado inevitável. Há sempre um medo de fundo nessas situações.

E o que eu quis fazer no livro foi dissipar esse medo e dizer que, efetivamente, se houver mais interação e confrontação, haverá menos reações violentas e exageradas do tipo. Se Macron tivesse realmente descido às ruas de Paris, estou convencido de que não teria havido pessoas atirando latas de lixo daquela maneira.

E, quando escrevi o livro, eu tinha algo muito específico em mente sobre isso: trabalhei por um tempo para uma pessoa chamada John Lindsay, que foi prefeito de Nova York nos anos 1960, durante todo aquele período de violência e, ocasionalmente, quando havia tumultos raciais, ele ia ao Harlem e eu o seguia, e ele dizia: "Sou seu prefeito – falem comigo!" E, você sabe, as pessoas começavam a gritar com ele. Mas elas não o mataram, certo? Elas queriam que sua voz fosse ouvida. E ele ouvia.

Era muito corajoso da parte dele, mas ninguém reagia tentando atirar um tomate nele. E ele fazia algo muito mediterrâneo – quando falava com as pessoas, ele sempre as segurava pelo antebraço; muito pouco parecido com o jeito de um WASP[1]. E, naturalmente, isso as surpreendia, porque o prefeito de Nova York estabelecia contato físico. E todos esses pequenos gestos realmente faziam uma grande diferença.

LH: *Bem, penso que a colocação desses pequenos gestos no grande contexto – é, de certa forma, parte do trabalho aqui.*

RS: Você está certo.

LH: *E como encaixamos essas relações entre a* ville *e a* cité *na noção da cidade aberta ou da cidade complexa? Parece ser uma mudança em direção a uma escolha mais científica de linguagem, mas como isso se reflete nos aspectos planejados e nos não planejados, ou mais orgânicos, da vida urbana?*

PS: Essa é uma das relações fundamentais entre a *cité* e a *ville*. Enquanto outros autores afirmam: se fizerem esses projetos, o resultado será tal, a abordagem que ambos adotamos neste livro investiga o inter-relacionamento entre o que o planejamento formal faz e o que acontece a partir das bases. E é ao colocar em jogo essa relação entre a cidade formal e a informal que há uma janela de oportunidade para transformar a atitude das pessoas frente ao desconhecido. Além disso, é possível, de fato, projetar essas relações.

RS: Para abrir algo, é preciso intervir em um sistema que, de outra forma, tenderia a ser coerente e no qual as formas estão resolvidas. Para abrir as coisas, o DNA de uma cidade tem que ser capaz de evoluir de diferentes formas ou de produzir resultados ambíguos. Um exemplo, em Londres, é Piccadilly Circus, que mudou de forma ao longo de seus duzentos anos. O DNA aqui são os cantos irregulares, que podem ter diferentes usos. E, por isso, esse é realmente um livro sobre experiência. As pessoas precisam ter competência para lidar com a indeterminação. Mas, do ponto de vista do projeto, a intervenção diz mais respeito a criar formas que permitam sua própria evolução.

PS: Sim, isso descreve e sugere um tipo de intervenção em um sistema fechado, que o abre até um certo ponto.

LH: *No cerne da diferença entre intervenção e deixar as coisas acontecerem está essa ideia de experimentação. O arquiteto-planejador atua sobre a cidade para que algo aconteça. Portanto, essa pessoa, ou essa equipe, deve ser política de alguma forma. Então, como um arquiteto, um arquiteto-ativista, o que isso significa?*

PS: O arquiteto-ativista ou planejador-ativista é um papel fluido e bastante complexo, porque depende de muitos fatores. Se você vem a uma comunidade com uma ideia muito definida, pode receber uma reação negativa. Então, você precisa estabelecer uma relação com aquelas pessoas com quem trabalha. E essa relação depende de inúmeras coisas. Depende se você é chamado como um arquiteto-planejador por uma comunidade para desenvolver sua própria iniciativa ou por uma autoridade local para facilitar um processo de participação. Em cada uma dessas circunstâncias, seu envolvimento com os moradores tem um ponto de partida diferente. Em ambos os casos, é necessário desenvolver uma relação com eles e aprender como trabalhar com eles.

LH: *O problema com o arquiteto, e talvez com o planejador, começa com a oferta ou venda de seu trabalho como um produto acabado?*

PS: Sim. Em todos os casos, em todas os escopos do planejador-ativista, você precisa ser muito aberto, quer seja chamado por uma comunidade, quer por uma autoridade local para tocar um processo de coprojeto. E mais tarde, uma vez que tenha ouvido, você precisa apresentar uma proposta. Além disso, você deve ser muito flexível no trabalho, junto com a comunidade, em cima das propostas.

E depois, outro tipo de relação que eu tenho tido com o ativismo é por meio da minha pesquisa e do ensino, que é uma relação completamente diferente. Ela consiste em produzir conhecimento, por meio da pesquisa e do ensino, que possa ser útil para as comunidades com as quais se está trabalhando. Nesses casos, o envolvimento é muito mais político, e o seu papel como um ativista-arquiteto-planejador é muito mais mesclado, uma vez que você é visto pelas comunidades como um aliado.

RS: Bem, eu tenho uma posição um pouco diferente da sua sobre isso. Penso que um ativista-planejador faz a mediação entre a sociedade civil e o Estado. O planejador está tentando mediar entre o que a sociedade civil quer ou precisa e a ética, bem como o poder do Estado.

Na minha própria prática de planejamento, trabalhei de forma bastante diferente da que você descreve – e talvez sua prática seja o futuro e a minha seja o passado. Eu realmente acredito em coprodução de uma forma particular. Para dar outro exemplo, quando eu estava trabalhando na construção de escolas no Líbano, vi que o papel de pessoas como eu era propor possibilidades alternativas de fazer uma escola, e entendi quais eram os prós e os contras dos diferentes tipos de formas. Contudo, esse projeto foi realizado ao final de uma guerra civil – e as pessoas com quem eu trabalhava estavam traumatizadas. Então, você tem que abrir as alternativas para elas e depois precisa desaparecer. E a comunidade, ou os pais, devem decidir.

Agora, essas eram escolas muito pequenas, de baixos recursos, para que tais decisões pudessem ser tomadas. Mas penso que isso ainda é válido para outros projetos de planejamento em que estive envolvido. A ideia é: as pessoas não têm a *expertise* para saber que alternativas existem e recorrem ao que é familiar, elas não sabem o que é possível. O arquiteto-planejador tem que mostrar às pessoas que experiência pode ser aberta, que as possibilidades existem.

A retirada é realmente importante. Nesse ponto, não cabe a você dizer, "você devia escolher essa". Isso é antidemocrático, isso não é coprodução.

PS: Meus pensamentos são muito semelhantes. No projeto em que estive recentemente envolvido com uma autoridade local, tive reuniões com os moradores e com os comerciantes locais, apresentei diferentes propostas, discuti com eles essas propostas, analisei seu *feedback*, reformulei as propostas e esse foi o fim do meu envolvimento. Penso que é uma abordagem semelhante.

RS: É exatamente isso o que eu quero dizer. Mas o que *não significa* é que o planejador ou planejadora confunda o seu papel com o de um ativista político. Temos um conjunto diferente de competências que mobilizamos nessas situações.

PS: Depende. Se você for contratado por uma autoridade local, você é parte dessa mediação. Mas se houver um grupo comunitário que esteja resistindo, por exemplo, à demolição de seu conjunto de habitação social, e ele contrata você para que apresente alternativas que possam ser apresentadas às autoridades locais como evidência de que algo poderia ser feito de maneira diferente, sendo economicamente viável, mais verde e mais sustentável, então seu projeto torna-se um ato de ativismo.

Você está usando suas competências – como um planejador, como um arquiteto – para ajudar uma comunidade local a contestar alguma coisa; não apenas a rejeitar alguma coisa, mas a propor uma alternativa. E essa aliança entre planejadores e ativistas é algo muito positivo, porque algumas vezes os órgãos municipais reclamam que os ativistas são pessoas que apenas rejeitam tudo, e essa aliança prova o contrário. Na verdade, os ativistas, em muitas ocasiões, estão abertos a possibilidades, a alternativas.

RS: O que acontece com frequência com as autoridades de planejamento, particularmente na Grã-Bretanha, é que elas não são corruptas, mas estão corrompidas. Elas são um pouco como a Theresa May – ela ouve, mas não reage. Nesse ponto você precisa um tipo diferente de políticas do que o planejamento de coproduções. Você irá precisar de advogados e de dirigentes de partidos políticos para garantir que seja ouvido. Porque a posição padrão é a de que as pessoas estão corrompidas. Elas simplesmente não ouvem; seus egos estão envolvidos; elas sentem as alternativas como, apenas, uma resistência cega.

Assim, em Deli, por exemplo, quando estávamos resistindo a um suposto desenvolvimento urbano de uma área de favela, minha equipe viu diferentes formas de fazer isso acontecer. Mas ninguém em Deli está ouvindo – eles ouvem apenas as pessoas cujos argumentos vão para os tribunais. E como havia tantos grupos de interesse pessoal, as pessoas com voz realmente efetiva foram aquelas que sabem muito sobre a lei do planejamento em Deli. Então, é por isso que eu digo que nós, planejadores, somos mediadores, mas não somos os únicos aliados de que as comunidades pobres precisam. A coprodução é um ofício e, embora esse ofício seja importante, ele não é por si só suficiente. Precisamos ter uma certa modéstia sobre nós mesmos, bem como sobre o que não podemos fazer.

LH: *Muitos dos casos que você comenta têm a ver com lugares nos quais há um tipo de comunidade já estabelecida e que está sob ameaça... [que] você deve trabalhar com ela; mas o que dizer de lugares em que não há uma comunidade já estabelecida? Por exemplo, algo como King's Cross, ou Holloway Prison, onde não sabemos o que vai acontecer?*

RS: Há maneiras de tornar a complexidade inerente desde o início. Você não faria o que [foi] feito em King's Cross, ou seja, um lugar que é totalmente espetacular, um espaço para ser olhado. Você teria tomado o complexo da escola de arte Central Saint Martins e o distribuído por toda a King's Cross. Você teria, de fato, mantido alguma função industrial no empreendimento. Agora, ele é basicamente um centro comercial glorificado.

O desafio é criar a complexidade desde o início. É possível estimular a complexidade no tecido existente, mas em um tecido urbano novo é preciso pensar sobre qual será o DNA da diversidade.

PS: Mas é difícil encontrar uma cidade que tenha sido construída do zero. Às vezes, há desenvolvedores urbanos que dizem estar construindo algo e, para eles, não existia nada lá anteriormente. Mas em Londres, há sempre algo ali. Isto é, se pensarmos sobre os exemplos mencionados de King's Cross e Holloway Prison, há comunidades [e indústrias no caso de King's Cross] em seu entorno.

RS: A mesma coisa ocorreu com o chamado Parque Olímpico, que foi considerado na época "lugar nenhum". Agora descobrimos que havia muitos "lugares" no seu entorno, um rico tecido habitacional.

LH: *Podemos passar para a questão da infraestrutura e, em particular, a noção contraintuitiva de infraestruturas para a desordem? Espera-se que a infraestrutura seja um princípio ordenador, mas você está, na verdade, desenvolvendo uma rede com o objetivo de fazer o oposto.*

PS: Um dos esclarecimentos que faço no início do livro é que, quando dizemos projetar para a desordem, não temos uma abordagem pós-modernista do projeto. Este livro não trata de formas desordenadas que sejam uma reação ao modernismo. Estamos falando sobre a construção de infraestruturas nos espaços públicos que podem parecer muito ordenadas; mas o que elas provocam é o que importa: a desordem.

Assim, nesse caso, o que estou propondo é uma infraestrutura da qual as pessoas possam estar mais conscientes, de diferentes maneiras. Uma delas é a forma como a infraestrutura pode ser visualizada – as pessoas podem ver onde estão os canos de água, onde estão os dutos de eletricidade. A outra maneira é uma infraestrutura que seja comum, coletiva, e possa estimular diferentes tipos de negociações. E há exemplos disso em Londres que já estão acontecendo.

Se olharmos para coisas como a energia solar coletiva que aconteceu em Brixton [Brixton Energy], por exemplo, elas são formas coletivas de infraestrutura. Foram financiadas por *crowdfunding* ou apoiadas por pequenos investidores. Têm uma infraestrutura cooperativa de modo a estimular novas relações dentro da comunidade. Porque se você começa a ver como a energia é gasta, se a energia é vendida de volta para a rede ou é reservada para certas coisas na propriedade, essas discussões provocam certo tipo de negociações.

Não é uma questão de aumento da escala – é também uma questão de reprodução. Por isso, de certa forma, essa infraestrutura para a desordem pode assumir diferentes tipos de escalas. Pode ser desde um único terminal, por exemplo, água de torneira que as pessoas podem compartilhar, até algo muito mais ambicioso.

RS: Eu tinha outra forma de pensar sobre isso, e me pergunto qual sua opinião sobre ela. Quando, na música, olhamos para a relação entre o tema e as variações, há uma desordem, mas uma desordem que toma algum elemento do original e o expande. E esse tema com as variações é uma maneira de criar a desordem.

Outra maneira é o que Harvey Molotch chama uma *forma-tipo*. Por exemplo, você sabe o que é uma xícara, você sabe que ela precisa ter uma alça e conter líquido; mas a própria forma-tipo pode assumir um número infinito de formas. E me parece que tanto o tema com as variações quanto as formas-tipo estão contidas na sua noção de infraestrutura.

LH: *Quando se pensa sobre esse processo de tema e variação, quem o possui e como ele muda?*

PS: Isso é algo sobre o que refleti um pouco no livro, mas talvez valha a pena expandir. É também uma questão de sobre como o processo começa. Digamos que um grupo de pessoas possui uma infraestrutura, e então esse grupo de pessoas, até certo ponto, pode deixar esse recurso aberto, ou pode fazer diferentes acordos com pessoas, fora de seu coletivo, para que usem a infraestrutura.

Assim, enquanto fazia desenhos, eu imaginava e tentava pensar: como seriam esses terminais? Por exemplo, uma comunidade pode ter um excedente de energia e, portanto, poderia fazer algum acordo com outro grupo de pessoas que tem um excedente de outras coisas.

RS: Bem, isso é uma troca comercial.

PS: Mas as questões da propriedade, quando ela é mais coletiva, ficam um pouco confusas. A propriedade coletiva não trata a infraestrutura – ou a habitação, por exemplo – como uma mercadoria. Uma das comunidades que tenho pesquisado em Londres, Walterton and Elgin Estates, em Westminster, conseguiu passar seu conjunto habitacional de propriedade municipal para a propriedade comunitária no começo dos anos 1990. E essa propriedade comunitária provou ser muito bem-sucedida em seus aproximados trinta anos de vida.

LH: *E como ela muda? Nesse caso, a palavra* comunidade *é uma palavra tão perigosa quanto é encorajadora. Uma comunidade tem sempre pessoas que estão fora dela, ou pessoas que estão excluídas dela. Assim, como ela permanece adaptável e como permanece não exclusiva?*

RS: Há muitos tipos diferentes de comunidades às quais você pode pertencer simultaneamente. O importante para mim é que, quaisquer que sejam essas relações, elas sejam cara a cara. E é por isso que uma tela de computador não será uma substituta para a rua, porque você precisa daquela coisa física, visceral, com todo o sangramento, a ambiguidade e a desordem dos sentidos, que é também uma excitação deles.

Ontem à noite, toquei em um concerto com pessoas que nunca mais verei, mas elas são parte de outra comunidade que eu tenho. Isso é ótimo – isso é o que queremos. E esse foi, eu entendo, um... erro muito infeliz da contracultura, ao menos nos Estados Unidos, no final dos anos 1970 – o abraçamento do local. A relação face a face não significa local.

Na sociedade moderna, estamos perdendo a habilidade de as pessoas sentirem que são competentes para lidar com situações complexas; existe uma espécie de ideologia reducionista: com isso não consigo lidar. Tenho que torná-lo mais pessoal, mais particular, por assim dizer, mais nova-iorquino. O que não é maneira de lidar com a complexidade. Você também quer que as pessoas saiam da comunidade, por razões muito práticas. Se você é um imigrante iraniano em Londres, sua sobrevivência depende disso... você precisa lidar com o que não lhe é familiar. Você está negociando em um território hostil; não é o território da comunidade.

LH: *Até aqui, destacamos o fato de que a família é pequena demais como modo de lidar com a cidade e, potencialmente, a comunidade tem benefícios, mas também tem limitações. Então, se estamos pensando sobre a criação da cidade, tanto como um espaço físico que percorremos, mas também como conduzimos nossas vidas dentro desses espaços, precisamos retornar à questão da escala.*

RS: Sim. É por isso que Benjamin é tão interessante. Porque ele vê que a vida é vivida em duas escalas ao mesmo tempo – uma que é muito protegida e muito íntima, e outra que é muito exposta e numa escala maior. Se ela for vivida apenas na escala familiar, comunitária, isso nos faz mal. Você deve pensar a sua identidade como mais de uma coisa, como parcial, e como variável.

PS: Neste livro, você fala sobre dois usos da desordem – um que é sobre estender o círculo familiar, expondo-o às interações imprevisíveis e desconhecidas. E o outro é o direito à solidão, que a cidade deve proporcionar. Então, de certa forma, a infraestrutura que eu proponho lida com o primeiro: como estender ou expandir esse círculo da família para outras formas mais cooperativas e coletivas.

Esse processo de expansão do círculo familiar para um coletivo mais amplo também acontece por meio da infraestrutura social: quando as pessoas desenvolvem uma relação de cuidado e de responsabilidade entre si. Isso é algo que você expôs em suas palestras "Welfare after Beveridge" (Bem-Estar Após Beveridge), por meio do exemplo dos Alcoólicos Anônimos, que oferece apoio mútuo entre iguais. Esse não é um apoio do rico para o pobre, mas um apoio igualitário de cuidado e de responsabilidade com as pessoas ao seu redor. Essa infraestrutura social está ligada à infraestrutura física que eu proponho nesse livro.

Essa infraestrutura social é complementar às abordagens de cima para baixo da prestação de assistência social, que garante a equalização nas necessidades básicas como saúde e habitação. Esse é outro nível que coexiste e garante outro tipo de bem-estar social, que tem mais a ver com a solidariedade de uns com os outros.

RS: Então, em outras palavras, a sua noção dessa infraestrutura é menos como um rendimento básico e mais como os Alcoólicos Anônimos?

PS: Sim.

LH: *Ou, é menos renda básica universal e mais serviços básicos universais?*

PS: Essa noção de infraestrutura fornece uma camada adicional de bem-estar que vai além das necessidades básicas que devem ser fornecidas pelo Estado. Você pode querer desenvolver certas atividades no espaço público. Essa não é uma necessidade básica; essa é uma necessidade social que você compartilha com um grupo de pessoas, que as torna felizes e faz com que tenham relações sociais melhores. E isso provoca certo tipo de interações.

LH: *Mas podemos falar sobre essa ideia de projetar para a desordem tendo um fim, ou esse é um processo sempre inacabado?*

RS: Eu diria que há aqui uma distinção entre o inacabado e o inacabável. E que é importante, porque o primeiro é algo que está incompleto, esperando ser resolvido; o segundo é um processo ontológico. O urbanismo erra quando considera a mudança como um tipo de processo de conclusão. Não é essa a minha ideia de uma cidade, nem mesmo a minha ideia de como viver.

A questão aqui também é mediada por classe e escala. Na habitação em favelas, na Cidade do México, em São Paulo ou na África, as famílias, em geral, começarão com um barraco, vendo isso como um projeto de longo prazo para finalizar alguma coisa, e a noção do término dá a todos um objetivo: a construção de algo que ao final vai estar completo e inteiro. E essa é uma aspiração profunda. Mas não pode acontecer em uma escala maior. Você não pode construir uma cidade do modo que as pessoas pobres constroem a habitação.

A legislação do planejamento tem que permitir que as coisas evoluam, que sejam inacabáveis tal como a própria cidade é um projeto inacabável. Portanto, essa é uma diferença de tempo e processo extremamente importante, tanto no aspecto prático, quanto no filosófico.

LH: *Para mim, essas diferentes questões terminam na rua, que é a ideia de um lugar social em que os corpos se juntam. O que realmente estamos falando aqui é sobre as pessoas dando de cara umas com as outras e, na verdade, esse livro é sobre a construção de lugares nos quais isso está constantemente acontecendo.*

RS: Certo. E isso é uma intervenção, porque é uma compressão. Não há nada natural sobre comprimir-se. Mas a questão com a compressão é que ela cria formas de interação. Aristóteles sabia disso, e ainda que suas ruas pareceriam para nós pequenas vielas, elas eram grandes ruas para ele. Entretanto, a compressão cria sociabilidade e atividade econômica. Você vê o que as outras pessoas estão fazendo, de uma forma muito prática, e é por essa razão que os *silicon alleys* (vielas do silício) se desenvolvem mais rápido hoje do que os *silicon valleys* (vales do silício), porque as pessoas são pressionadas umas contra as outras, elas conspiram e competem. Todos sabem o que todos os demais estão fazendo; eles sabem isso cara a cara, eles fofocam, contam mentiras uns sobre os outros, trocam informação e roubam clientes. Tudo faz parte de trazer as pessoas para a vida.

PS: Eu as vejo como um grupo interconectado, em que há pontos nos quais as pessoas podem se conectar e que gera um lugar de encontro.

RS: Eu ia dizer outra coisa sobre a psicologia das ruas: elas criam as condições para a solidão. Você é apenas um entre muitos e pode se afastar dos demais. As pessoas têm a experiência mais profunda de solidão, creio eu, não dentro dos apartamentos, mas sentadas numa mesa de café para duas pessoas, no meio de uma grande cidade. Porque você está cercado por pessoas, mas está dentro de si mesmo. Isso remete mais uma vez aos pós-revolucionários que aparecem noutros pontos deste livro. Eles entenderam a necessidade de contato com as pessoas, mas também de estarem protegidos de certas formas de comportamento de massa. Essa é a psicologia da dualidade da cidade – ela comprime as pessoas, faz com que interajam, porém, essa mesma densidade também pode tornar possível uma libertação das outras pessoas.

LH: *É possível evitar a homogeneidade.*

RS: Exatamente.

LH: *Tem que permitir a diferença.*

PS: Na arguição da minha tese de doutorado, perguntaram-me: mas não é [isso tudo apenas] sobre densidade – então, apenas aumentando a densidade, você atingirá esse tipo de desordem de que fala? E eu dei exemplos de lugares nos quais um aumento da densidade não resultou em mais vida nas ruas. Em Londres, por exemplo, muitos dos novos desenvolvimentos urbanos estimulam um grande aumento na densidade, como na orla de Vauxhall, e esse mero aumento da densidade não gera tal compressão. Há muitos outros fatores que possibilitam espaços para a interação social.

RS: Certo. Você sabe que se fosse escrever sua tese de doutorado agora, provavelmente teria que abordar o exemplo horrível que é Hudson Yards, que acabou de ser inaugurado em Nova York. É uma área de densidade muito alta e de baixa energia, porque tudo está disperso, disperso para fora, não há ruas com pessoas, e já estão tendo problemas em vender os apartamentos, porque aquilo não faz parte da cidade. Mas criou-se um tipo de... espaço morto de alta-densidade no meio da cidade mais vibrante.

LH: *Penso que Hudson Yards é o lugar perfeito para terminar, porque ele é o oposto absoluto de tudo o que discutimos aqui.*

Notas

Introdução

1 Ver Feargus O'Sullivan, Cities Deserve Better Than These Thomas Heatherwick Gimmicks, *Bloomberg CityLab*, 19 mar. 2019; disponível em: <https://www.citylab.com>, acesso em: maio 2024.

2 R. Sennett [1970], *The Uses of Disorder: Personal Identity and City Life*, New Haven/London: Yale University Press, 2008, p. 47.

3 Ibidem.

4 Ver Samuel Stein, *Capital City: Gentrification and the Real Estate State*, London/New York: Verso, 2019.

5 R. Sennett, op. cit., p. 166.

Parte II
INFRAESTRUTURAS PARA A DESORDEM

3. Do Papel ao Plano

1 Ver Jane Jacobs [1961], *The Death and Life of Great American Cities*, New York: Modern Library, 1993. (Trad. bras.: *Morte e Vida de Grandes Cidades*, São Paulo: WMF Martins Fontes, 2000.)

2 R. Sennett, op. cit., p. 51. (N. da T.: sempre que não for informada uma edição brasileira as traduções são nossas.)

3 Consideração feita no prefácio da edição de 2008 do livro: R. Sennett, op. cit., p. xi.

4 Ver José Ignacio Torreblanca, *Asaltar los Cielos: Podemos o la Política Después de la Crisis*, Barcelona: Penguin Random House, 2015, p. 13-14.

5 Ver Íñigo Errejón; Chantal Mouffe, *Construir Pueblo: Hegemonía y Radicalización de la Democracia*, Barcelona: Icaria, 2015, p. 103.

6 R. Sennett, *The Uses of Disorder*, p. xxii.

7 Ron Bailey explica que essa nova onda de ocupação tem sua origem em outros movimentos que começaram no período entreguerras. Ver R. Bailey, apud Alexander Vasudevan, *The Autonomous City: A History of Urban Squatting*, London/New York: Verso, 2016.

8 Ver A. Vasudevan, op. cit.

9 Ver The Free Independent Republic of Frestonia, *Application to the United Nations*, 1977; disponível em: <http://www.frestonia.org>, acesso em: maio 2024.

10 Disponível em: <http://www.frestonia.org>, acesso em: maio 2024. Ver também o documentário dirigido por Pablo Sendra, a partir da pesquisa de Marco Picardi: Civic Wise, *The Westway: Four Decades of Community Activism*, 27 fev. 2017; disponível em: <https://www.youtube.com>, acesso em maio 2024. Ver ainda A. Vasudevan, op. cit.

11 Ver A. Vasudevan, op. cit.

12 Ver P. Sendra, Assemblages for Community-Led Social Housing Regeneration: Activism, Big Society and Localism, *City*, v. 22, n. 5-6, 2018, p. 738-762.

13 Lei que alterou os poderes das autoridades locais na Inglaterra. (N. da T.)

14 R. Sennett, op. cit., p. 166.

15 Disponível em: <http://justspace.org.uk>, acesso em: maio 2024.

16 Ver Just Space, *Towards a Community-Led Plan for London: Policy Directions and Proposals*, 2016; disponível em: <https://justspace.org.uk/wp-content/uploads/2013/09/just-space-

-a4-community-led-london-plan.pdf>, acesso em: maio 2024.

17 Ver A. Vasudevan, op. cit.

18 Ver, por exemplo a London Federation of Housing Coops; disponível em: <http:// londonnasuwt.org.uk/lfhc/>, acesso em: 14 jun. 2019.

19 Ver Laura Roth; Kate Shea Baird, Municipalism and the Feminization of Politics, *Roar Magazine*, n. 6, 2018; disponível em: < https:// roarmag.org/magazine/municipalism-feminization-urban-politics/>, acesso em: maio 2024.

20 Enquanto estava terminando este livro, nas eleições locais de 2019, algumas dessas iniciativas municipais perderam a eleição ou não tiveram número suficiente de vereadores para formar um governo local. Dessas cinco cidades, apenas Barcelona e Cádis mantiveram um prefeito municipalista.

21 R. Sennett, op. cit., p. 166.

22 Ver L. Roth; S. Baird, op. cit.

23 R. Sennett, op. cit., p. 166.

24 Ver Andrés Jaque, *Dulces Arenas Cotidianas*, Sevilla: Lugadero, 2013.

25 Ver L. Roth; S. Baird, op. cit.

26 A demolição começou em 1964, a construção da autovia começou em 1966 e estava terminada em 1970. Ver a linha do tempo detalhada no *site* da campanha Westway23: <https://www.westway23.org>, acesso em: 25 maio 2018.

27 Ver Derek Wall, *Earth First! and the Anti-Roads Movement: Radical Environmentalism and Comparative Social Movements*, New York: Routledge, 1999.

28 Ver Tom Vague, *Getting it Straight in Notting Hill Gate: A West London Psychogeography Report*, [S.l.]: Bread and Circuses, 2012. (eBook)

29 Ver a linha do tempo detalhada no *site* da campanha Westway23, supracitado.

30 Ibidem.

31 Ver artigo de David Wilcox na linha do tempo do *site* da campanha Westway23, 1970.

32 Ver T. Vague, op. cit.

33 Ver Jamie McCullough [1978], *Meanwhile Gardens*, London: Calouste Gulbenkian Foundation, 1988.

34 Petição "Save Portobello Road from the Portobello Village/Westway Space", 38 *Degrees*; disponível em: <https://you.38degrees.org.uk>, acesso em: maio 2024.

35 CivicWise é uma rede (network) que trabalha pelo urbanismo colaborativo, inovação cívica e inteligência coletiva. Ver: <https://civic wise.org>.

36 P. Sendra, Westway, op. cit.

37 Idem, Civic Design UCL Summer School, em Cecilia Ciancio; Maje Reig Alberola (eds.), *Civic Design*, Valencia: Civic Innovation School, 2018, p. 298-299.

38 O conselho cancelou esse plano de alugar a biblioteca para a escola preparatória após forte oposição comunitária e o incêndio na Grenfell Tower.

39 Essa fusão também foi brecada.

40 Ver a entrevista com Toby Laurent Belson no documentário do CivicWise, *Westway*.

41 Ver R. Sennett, op. cit., p. 142.

42 Ash Amin; Nigel Thrift, *Seeing Like a City*, Cambridge: Polity, 2017, p. 4.

43 Ibidem, p. 6.

4. Abaixo

1 Ver A. Amin; N. Thrift, *Seeing Like a City*.

2 Ver R. Sennett, The Open City, em Ricky Burdett; Deyan Sudjic (eds.), *The Endless City*, London: Phaidon, 2007, p. 290-297; idem, The Public Realm, trabalho apresentado no BMW Foundation Workshop on Changing Behaviour and Beliefs, Lake Tegernsee (Alemanha), 2008; disponível em: <https:// intensificantvidesnervioses.wordpress.com/ wp-content/uploads/2013/08/the-public-realm_-sennett.pdf>, acesso em: maio 2024; idem, *Building and Dwelling: Ethics for the City*, London: Allen Lane, 2018.

3 Idem, The Public Realm, op. cit.

4 A. Amin; N. Thrift, op. cit., p. 6.

5 Ver Stephen Graham; Nigel Thrift, Out of Order: Understanding Repair and Maintenance, *Theory, Culture & Society*, v. 24, n. 1, 2007, p. 1-25.

6 Deleuze e Guattari descrevem que suas "máquinas desejantes" propostas funcionam com um "regime associativo". Gilles Deleuze; Félix Guattari [1972], *Anti-Oedipus: Capitalism and Schizophrenia*, Minneapolis: University of Minnesota Press, 2000.

7 Philip Cooper, Assemblage, *Grover Art Online*, Oxford: Oxford University Press, 2003. Discuti essa definição de assemblagem em Pablo Sendra, Rethinking Urban Public Space: Assemblage Thinking and the Uses of Disorder, *City*, v. 19, n. 6, 2015, p. 820-836.

8 Ver William Chapin Seitz, *The Art of Assemblage*, New York: Museum of Modern Art, 1961.

9 P. Cooper, Assemblage, op. cit.

10 Ver Colin McFarlane, Assemblage and Critical Urbanism, *City*, v. 15, n. 2, 2011, p. 204-224, baseado em: Gilles Deleuze; Claire Parnet [1977], *Dialogues II*, New York: Columbia University Press, 2007.

11 Ver G. Deleuze; F. Guattari [1980], *A Thousand Plateaus: Capitalism and Schizophrenia*, Minneapolis: University of Minnesota Press, 1987.

12 Ver C. McFarlane, Assemblage and Critical Urbanism, op. cit. Usei essa definição em P. Sendra, Rethinking Urban Public Space, op. cit., p. 823.

13 C. McFarlane, Assemblage and Critical Urbanism, op. cit.

14 Ibidem, p. 204.

15 Ibidem, p. 222.

16 Ibidem, p. 219.

17 Expliquei essa relação entre *The Uses of Disorder* e o pensamento da assemblagem em P. Sendra, Rethinking Urban Public Space, op. cit.

18 R. Sennett [1990], *The Conscience of the Eye: The Design and Social Life of Cities*, New York: W.W. Norton, 1992, p. 213.

19 Idem, *The Uses*...

20 Idem, Urban Disorder Today, *British Journal of Sociology*, v. 60, n. 1, 2009, p. 57-58, em referência a R. Sennett, *The Uses*...

21 Ver C. McFarlane, The City as Assemblage: Dwelling and Urban Space, *Environment and Planning D: Society and Space*, v. 29, 2011, p. 653.

22 Idem, Assemblage and Critical Urbanism, op. cit., p. 206.

23 R. Sennett, *The Uses*..., p. 142.

24 Idem, The Public Realm, op. cit.

25 Idem, *Building and Dwelling*, p. 208.

26 Idem, The Open City, op. cit.; idem, The Public Realm, op. cit.; idem, Boundaries and Borders, em R. Burdett; D. Sudjic (eds.), *Living in the Endless City*, London: Phaidon, 2011, p. 324-331.

27 Apud A. Amin; N. Thrift, *Cities: Reimagining the Urban*, Cambridge: Polity, 2002, p. 108.

28 Ver S. Graham; N. Thrift, Out of Order, op. cit.

29 Ver R. Sennett, *The Uses*...

30 Idem, *Building and Dwelling*, p. 222.

31 Ver Barcelona Energia; disponível em: <https://www.barcelonaenergia.cat/>, acesso em: maio 2024.

32 Ver Ajuntament de Barcelona, *Mesura de Govern: Programa d'Impuls a la Generació d'Energia Solar a Barcelona*, 2017; disponível em: < https://bcnroc.ajuntament.barcelona.cat/ >, acesso em: maio 2024.

33 CivicWise usa o termo "distribuída" para explicar uma rede que "não é horizontal nem vertical", mas que tem "governança por pares". Isso também pode ser aplicado a um sistema de infraestrutura em que cada nó do sistema contribui na geração de recursos para o benefício de todos. Disponível em: <http://civicwise.org/>, acesso em: maio 2024.

34 R. Sennett, *The Uses*...

35 P. Ball, *Branches*, Oxford: Oxford University Press, 2009, p. 197.

36 Ibidem, p. 200.

37 Ver P. Sendra, Rethinking Urban Public Space, op. cit., p. 823. Essa definição baseia-se na definição de remontagem de Colin McFarlane: Assemblage and Critical Urbanism, op. cit., p. 211.

38 Ver S. Graham; N. Thrift, Out of Order, op. cit.

39 Fernando Domínguez Rubio; Uriel Fogué, Technifying Public Space and Publicizing Infrastructures: Exploring New Urban Political Ecologies through the Square of General Vara del Rey, *International Journal of Urban and Regional Research*, v. 37, n. 3, 2013, p. 1035-1052.

40 Ibidem, p. 1042.

41 S. Graham; N. Thrift, Out of Order, op. cit., p. 8. O trecho explica que "interrupções na conexão da infraestrutura podem ser vistas como uma forma de 'tirar da caixa preta'".

42 Ver D. Rubio; U. Fogué, Technifying Public Space and Publicizing Infrastructures, op. cit.

43 Ibidem.

44 Ibidem.

45 Conforme descrito no site do distrito 22@, traduzido do catalão: <http://www.22barcelona.com>, acesso em: 16 set. 2019.

46 Ver Peter Cook, Plug-in City: Maximum Pressure Area, Project (Section), *Museum of Modern Art*, 1964; disponível em: < https://www.moma.org/collection/works/796>, acesso em: maio 2024.

47 Richard Sennett critica a tecnologia de fácil utilização como alienante. Ver R. Sennett, *Building and Dwelling*.

48 Fiquei ciente dessa situação por meio do trabalho de pesquisa e ativismo de minha parceira, Diana Salazar, com a London Mining Network, Colombia Solidarity Campaign, e acompanhando Diana à La Guajira, na Co-

lômbia, onde uma grande mina a céu aberto operada por uma empresa multinacional deslocou várias comunidades e afetou a saúde das crianças. Ver mais em Aviva Chomsky; Garry Leech; Steve Striffler (eds.), *The People Behind Colombian Coal*, Bogotá: Casa Editorial Pisando Callos, 2007.

49 A produção de energia solar também requer extrativismo mineral para fabricar os painéis. A ética da produção dos painéis solares também precisa ser levada em conta.

50 A relação entre a permeabilidade da superfície urbana e a biodiversidade é discutida em: Salvador Rueda et al., *El Urbanismo Ecológico: Su Aplicación en el Diseño de un Ecobarrio en Figueres*, Barcelona: Agència d'Ecologia Urbana de Barcelona, 2012.

51 Ver Ajuntament de Barcelona, op. cit.

5. Acima

1 Alex Wall, Programming the Urban Surface, em James Corner (ed.), *Recovering Landscape: Essays in Contemporary Landscape Architecture*, Princeton: Princeton Architectural, 1999, p. 233-249.

2 Ver Adam Hart, A Neighbourhood Renewal Project in Dalston, Hackney: Towards a New Form of Partnership for Inner City Regeneration, *Journal of Retail & Leisure Property*, v. 3, n. 3, 2003, p. 237-245.

3 A praça foi projetada por Hawkins/Brown (disponível em: <https://www.hawkinsbrown.com>; acesso em: maio 2024). Mais tarde, em 2009, como parte da estratégia "Making Space in Dalston", J&L Gibbons e muf architecture/art colocaram o contêiner laranja com equipamento lúdico e audiovisual no espaço público (disponível em: <http://muf.co.uk>, acesso em: maio 2024).

4 Ver C. McFarlane, The City as Assemblage, op. cit., p. 653.

5 Ver P. Sendra, Rethinking Urban Public Space, op. cit., p. 823.

6 Ver A. Wall, Programming the Urban Surface, op. cit; P. Sendra, Infrastructures for Disorder: Applying Sennett's Notion of Disorder to the Public Space of Social Housing Neighborhoods, *Journal of Urban Design*, v. 21, n. 3, 2016, p. 335-352.

7 R. Sennett [1994], *Flesh and Stone: The Body and the City in Western Civilization*, New York: W.W. Norton, 1996, p. 15.

8 Idem, *The Conscience*...

9 Ver A. Wall, Programming the Urban Surface, op. cit.

10 Ver Oscar Newman, *Defensible Space: Crime Prevention Through Urban Design*, London: Macmillan, 1972.

11 Ver Alice Coleman [1985], *Utopia on Trial: Vision and Reality in Planned Housing*, London: Hilary Shipman, 1990.

12 Ver R. Sennett, The Public Realm, op. cit.

13 Ibidem.

14 Jane Jacobs, op. cit., p. 511.

15 Ver A. Wall, Programming the Urban Surface, op. cit., p. 233.

16 Ver Jordi Borja; Zaida Muxí, *El Espacio Público: Ciudad y Ciudadanía*, Barcelona/Madrid: Diputació de Barcelona/Electa, 2003.

17 Ver R. Sennett, *The Conscience*...

18 Ibidem.

19 Ibidem.

20 Ver A. Wall, Programming the Urban Surface, op. cit.

21 Ver Hawkins/Brown, Gillett Square; disponível em: <https://www.hawkinsbrown.com>, acesso em maio 2024.

22 Ver R. Sennett, *The Conscience*...

23 Ver Albert Pope, *Ladders*, Houston: Rice University School of Architecture, 1996.

24 Ver o piloto do projeto Superilla, em Poble Nou, desenvolvido pela prefeitura de Barcelona e pela Agência de Ecologia Urbana de Barcelona. A redistribuição do tráfego evita que as ruas internas da superquadra sejam usadas como rotas de passagem e reduz a velocidade para 10 km/h. Isso permite muito espaço para as atividades sociais das pessoas, espaços verdes e áreas de lazer. Ver Ajuntament de Barcelona, Superilles; disponível em: <http://ajuntament.barcelona.cat>, acesso em: maio 2024.

25 Ver A. Wall, Programming the Urban Surface, op. cit.

26 Ver AbdouMaliq Simone, The Surfacing of Urban Life, *City*, v. 15, n. 3-4, 2011, p. 355-356.

27 Ver Rob Withagen; Simone R. Caljouw, Aldo van Eyck's Playgrounds: Aesthetics, Affordances, and Creativity, *Frontiers in Psychology*, v. 8, 2017; disponível em: <https://www.frontiersin.org>, acesso em: maio 2024.

28 Ver R. Sennett, *The Craftsman*, New Haven/London: Yale University Press, 2008.

29 Ver S. Rueda et al., op. cit.

30 R. Sennett, *The Conscience*...

31 Ver Sibylla Brodzinsky, Artist's Shooting Sparks Graffiti Revolution in Colombia,

The Guardian, 30 Dec. 2013; disponível em: <https://www. theguardian.com>, acesso em: maio 2024.

32 R. Sennett, The Public Realm, op. cit.

6. Desordem na Seção Vertical

1 Ver S. Graham; L. Hewitt, Getting Off the Ground: On the Politics of Urban Verticality, *Progress in Human Geography*, v. 37, n. 1, 2013, p. 72-92.

2 Ver The Big Dig: Project Background; disponível em: <https://www.mass.gov>, acesso em: 21 jun. 2019.

3 Ver Le Corbusier, *The City of To-morrow and its Planning*, London: John Rodker, 1929, p. 238.

4 Ver Office for Metropolitan Architecture, Seattle Central Library; disponível em: < https://www.oma.com/projects/seattle-central-library >, acesso em: maio 2024.

5 Ver Antonio Tejedor Cabrera; Mercedes Linares Gómez del Pulgar, Beautiful Architecture: Seven Conditions for the Contemporary Project, *Actas del Congreso EURAU 2010: Jornadas Europeas de la Investigación Arquitectónica y Urbana*, Napoli: Clean, 2011, p. 78-85.

6 Ver R. Sennett, The Public Realm, op. cit.

7 Expliquei anteriormente os cortes longitudinal e transversal em P. Sendra, Infrastructures for Disorder, op. cit.

8 R. Sennett, *The Conscience*...

9 Idem, The Open City, op. cit., p. 296.

10 Ver O. Newman, op. cit.

11 Ver Ben Campkin, *Remaking London: Decline and Regeneration in Urban Culture*, London: I.B. Tauris, 2013. Ver também Anna Minton, *Ground Control: Fear and Happiness in the Twenty-First-Century City*, New York: Penguin, 2009.

12 Ver P. Sendra, Revisiting Public Space in Post-War Social Housing in Great Britain, *Proyecto, Progreso, Arquitectura*, v. 9, 2013, p. 114-131.

13 Ver R. Sennett, The Public Realm, op. cit.

14 Ibidem.

15 Idem, *The Conscience*...

16 Ver Jan Gehl [1971], *Life Between Buildings: Using Public Space*, Washington: Island, 2011.

17 R. Sennett, The Public Realm, op. cit.

18 Idem, *The Conscience*...

19 Ver P. Sendra et al., "Laboratorio Q", Seville: Creative Production of Collective Spaces Before and After Austerity, *Journal of Urbanism: International Research on Placemaking and Urban Sustainability*, v. 12, n. 1, 2019, p. 60-82.

20 Ver Recetas Urbanas, La Carpa: Artistic Space; disponível em: < https://recetasurbanas.net/proyecto/la-carpa-espacio-artistico/ >, acesso em: maio 2024.

21 Em 2014, após quatro anos enfrentando a falta de apoio e barreiras por parte da municipalidade, os coletivos decidiram desmontar La Carpa e partir. Ver Comunicado del Espacio Artístico la Carpa, no canal de La Carpa no *YouTube*; disponível em: <https://www.youtube.com>, acesso em: maio 2024.

22 Ver R. Sennett, The Public Realm, op. cit.

23 Ver Julienne Hanson, Urban Transformations: A History of Design Ideas, *Urban Design International*, v. 5, 2000, p. 97-122.

24 R. Sennett, The Open City, op. cit., p. 294.

25 Idem, *The Conscience*...

26 Idem, The Public Realm, op. cit.

7. Processo e Fluxo

1 Ver R. Sennett, The Public Realm, op. cit.

2 Ibidem.

3 Ver Sherry R. Arnstein, A Ladder Of Citizen Participation, *Journal of the American Institute of Planners*, v. 35, n. 4, 1969, p. 216-224.

4 Ver Ecosistema Urbano, *Dreamhamar: A Network Design for Collectively Reimagining Public Space*, Sevilha: Lugadero, 2014.

5 O processo está descrito em detalhes em Ecosistema Urbano, op. cit.

6 Ver R. Sennett, The Open City, op. cit., p. 296.

7 Ver Peter Bishop, Approaches to Regeneration, *Architectural Design*, v. 82, n. 1, 2012, p. 28-31.

8 J&L Gibbons; muf architecture/art, *Making Space in Dalston: For London Borough of Hackney; Design for London/LDA*, 2009; disponível em: <https://issuu.com/mufarchitectureartllp/docs/making_space_big>, acesso em: maio 2024.

9 A renovação do Elephant and Castle foi aprovada pelo conselho de Southwark e pelo prefeito de Londres em 2018, mas neste momento em que escrevemos ela está sendo contestada por meio de uma medida judicial no Tribunal Superior, cuja data para julgamento está agendada para outubro de 2019. (N. da T.: a área do Elephant and Castle está passando por um processo de gentrificação, ao passo que a de Seven Sisters vem resistindo a pressões nesse sentido.)

10 Ver #SaveGranville – Keep Granville and Carlton Site in South Kilburn a Space for Us, by Us! no site *Change.org*; disponível em: <https://www.change.org>, acesso em: maio 2024.

11 Ver S. Graham; N. Thrift, Out of Order, op. cit.

12 Ver Repowering London, Styles Gardens. Durante a redação deste livro, a Repowering London mudou sua marca para Repowering e transformou seu *site*. Para um *link* atualizado, visite Repowering, Completed Project; disponível em: <https://www.repowering.org.uk>, acesso em: maio 2024.

13 Ver Repowering London, Hackney Energy; disponível em: <http://repoweringlondon.org.uk>, acesso em: maio 2024.

14 Ver Brixton Pound; disponível em: <http://brixtonpound.org/>, acesso em: maio 2024.

15 Ver Red de Moneda Social Puma; disponível em: <https://monedasocialpuma.wordpress.com>, acesso em: maio 2024.

16 Idem, Objetivos da Moeda Social Puma, traduzido do espanhol; disponível em: < https://monedasocialpuma.wordpress.com/5-fines-de-la-moneda-social/>, acesso em: maio 2024.

17 Colin McFarlane, ao descrever a cidade como uma assemblagem, explica que "elementos individuais definem a assemblagem pelo seu funcionamento em conjunto". C. McFarlane, The City as Assemblage, op. cit., p. 653.

18 Ver R. Sennett, The Public Realm, op. cit.

19 Termo usado, por diversos autores, para descrever a infraestrutura que não pode ser notada pelo público. Ver S. Graham; N. Thrift, Out of Order, op. cit. Ver também D. Rubio; U. Fogué, Technifying Public Space and Publicizing Infrastructures, op. cit., p. 1045.

20 Ver S. Graham; N. Thrift, Out of Order, op. cit.

21 Ver o *site Decide Madrid*; disponível em: <https://decide.madrid.es/>, acesso em: maio 2024.

22 Enquanto terminava este livro, a prefeita municipalista de esquerda, Manuela Carmena, não foi reeleita nas eleições de 2019. Uma coalizão de direita chegou ao poder municipal e quer desfazer o que Carmena fez em quatro anos. Ver Gloria Rodríguez-Pina; Juan José Mateo, 80 Medidas Para Borrar en Cuatro Años el Madrid de Carmena, *El País*, 14 jun. 2019; disponível em: <https://elpais.com/ccaa/2019/06/14/madrid/1560573366_926632.html>, acesso em: maio 2024.

23 Ver a pesquisa e a proposta desenvolvida pela CivicWise (coordenada por Pascual Pérez) durante a Residencia Hacker no MediaLab Prado, ParticipaLab, Madri, que explora as limitações da plataforma de participação Decide Madrid e faz propostas de como melhorá-la e expandir o processo de participação. CivicWise, *Tecnologías de la Participación*; disponível em: < https://residenciacivica.civicwise.org/seccion/archivo/documentos/>, acesso em: maio 2024.

24 Ver, por exemplo, CONSUL, usada pelo Decide Madrid, que é de código aberto; disponível em: < https://github.com/hashicorp/consul>, acesso em: maio 2024.

25 O termo "granularidade" é usado em economia, ciência da computação e geologia para descrever algo composto de vários elementos: granularidade fina (*fine grain*), se os elementos forem pequenos ou poucos; granularidade grossa (*coarse grain*), se os elementos forem grandes ou vários. Em computação, por exemplo, um algoritmo tem granularidade fina se for dividido em muitas etapas, e granularidade grossa se for dividido em poucas etapas maiores. Na construção, granularidade fina se refere ao nível de detalhamento e ao tipo de materiais usados na construção. Em urbanismo, um bloco de múltiplos lotes é definido como de granularidade fina; com poucos lotes, de granularidade grossa. (N. da T.)

PARTE III
DESFAZER E FAZER

1 Expressão inglesa, *white, anglo-saxon and protestant*, "branco, anglo-saxão e protestante". (N. da T.)

Agradecimentos
Pablo Sendra

Este livro é o resultado de um longo percurso desde que li pela primeira vez *The Uses of Disorder*, em 2009. Gostaria de agradecer a Richard Sennett por ser coautor deste livro comigo. Trabalhar com Richard e discutir com ele como colocar em prática as ideias que ele teve há cinquenta anos foi uma grande experiência. Também gostaria de agradecer ao nosso editor na Verso, Leo Hollis, que foi um grande apoio para este projeto, e a Duncan Ranslem, editor de produção.

Ash Amin me apresentou a Richard Sennett no final de 2011, quando eu era um pesquisador visitante em Cambridge. Gostaria de agradecer a Ash por me apresentar ao Richard e por sua contribuição na minha tese de doutorado. Gostaria também de agradecer aos meus orientadores do doutorado, Carlos García Vázquez e Antonio Tejedor. Ainda me lembro do dia em que Carlos mostrou-me o livro *The Uses of Disorder* em seu estúdio em Sevilha e recomendou que eu o lesse.

O conceito "infraestruturas para a desordem" me ocorreu pela primeira vez enquanto fazia o projeto final para meu mestrado em Desenho Urbano na Escola de Arquitetura de Bartlett, UCL – University College London, em 2009. A Bartlett funcionava em um edifício desgastado de 1970, o Wates House. Naquele edifício, você podia encontrar tinta de *spray* por todo o piso, relíquias de velhas maquetes nos corredores e discussões entre estudantes e professores em todos os cantos. Esse velho edifício era um caldeirão de criatividade, que contribuiu para a conceituação de algumas das ideias neste livro. Devo também agradecer aos professores que me orientaram no projeto – Philip Gumuchdjian e Denise Murray – e ao diretor do programa, Colin Fournier. Continuei a pesquisa sobre as "infraestruturas para a desordem" na Universidade de Sevilha, Espanha, durante meu doutorado. No doutorado, além dos meus orientadores já mencionados, tive igualmente a orientação de Laura Vaughan e de Ben Campkin na UCL, como estudante de doutorado visitante, e dos meus examinadores na minha defesa de tese.

Durante meu período na Universidade de Sevilha, Carlos García Vázquez criou uma equipe de jovens pesquisadores que incluía alguns de seus alunos de doutorado e outros acadêmicos. Trabalhar com esse grupo de pesquisadores foi extremamente importante para meu início de carreira. Quero mencionar minha colega e amiga María Carrascal, porque compartilhamos o início de nossa carreira como pesquisadores urbanos.

Após a Universidade de Sevilha, tive o privilégio de entrar para a Escola de Planejamento de Bartlett, UCL, como professor. Tenho colegas maravilhosos na Bartlett que me fizeram sentir bem-vindo nessa universidade, e a escola me deu a oportunidade de ensinar alunos brilhantes e desenvolver minha pesquisa como eu gostaria. Quero também agradecer aos meus alunos por suas enormes contribuições ao meu trabalho – eles me ajudam a questionar o meu pensamento e a manter-me atualizado.

Desde que entrei na UCL, tive a oportunidade de trabalhar em colaboração – por meio da minha pesquisa e do ensino – com organizações comunitárias e grupos ativistas em Londres. Aprendi muito com eles e este livro reflete nossa colaboração. Gostaria de agradecer particularmente à Just Space, em especial a Richard Lee e Michael Edwards, às campanhas de North Kensington; Westway23, Save Wornington College e Friends of North Kensington Library, com agradecimentos especiais a Toby Laurent Belson, à Granville Community Kitchen e a Leslie Barson. Trabalhar com esses ativistas foi muito importante para moldar partes deste livro. Também gostaria de agradecer a Adam Ritchie por sua contribuição.

Quero agradecer a todos com quem compartilhei a prática profissional. Minha prática como arquiteto e projetista urbano também moldou algumas partes deste livro. Gostaria de agradecer aos meus sócios na Lugadero, Javier Martínez e Marta Morera, e à minha antiga parceira Eva Jiménez, que fez parte da Lugadero no passado. Também gostaria de agradecer à plataforma digital CivicWise, com a qual aprendi muito nesses últimos anos. Em particular, gostaria de agradecer a Domenico Di Siena por todas as conversas sobre nosso trabalho. Sou grato ao meu amigo Fran Gallardo, que sugeriu a Verso como possível editora para este livro. Também desejo agradecer à minha amiga Diana Ibañez López por seus conselhos de projeto.

Por último, mas não menos importante, gostaria de agradecer à minha família. À minha companheira Diana Salazar, tanto por seu apoio emocional quanto por desafiar meu pensamento. Aprender com seu pensamento crítico foi muito importante para moldar partes deste livro. Ao nosso filho Indigo por seus sorrisos. Espero que ele possa crescer em uma cidade aberta e tolerante. Também gostaria de agradecer aos meus pais, Juanjo e Concha; à minha irmã Estrella, que me acompanhou no trabalho de campo, tirou fotos para minha pesquisa e gravou em vídeo o debate da parte três deste livro;, à minha irmã Carmen; e ao meu irmão Luis, que foram fortes apoios enquanto eu escrevia este livro.

FSC
www.fsc.org
MISTO
Papel produzido a partir de fontes responsáveis
FSC® C133282

Este livro foi impresso na cidade de São Bernardo do Campo, nas oficinas da Paym Gráfica e Editora, em agosto de 2025, para a editora Perspectiva.